KB194980

선광스님의
# 어디쯤 머물고 있을까?

# 선광스님의
# 어디쯤 머물고 있을까?

선
광
지음

머무름과 떠남, 그 사이에 내가 있습니다.

도 서 출 판
國芙카르마

우리의 삶은 끊임없는 여정입니다. 태어나는 순간부터 우리는 저마다의 길을 걸어가며 수많은 경험과 만남, 그리고 다양한 감정을 맞이합니다. 그 길은 때로 평탄하고 아름답지만, 때로는 고통스럽고 혼란스럽기도 합니다. 이 여정 속에서 우리는 자신에게 질문을 던지곤 합니다. "어디쯤 머물고 있을까?" "삶의 목적은 무엇인가?" "이 길은 나를 어디로 이끌고 있는가?" 이러한 질문들은 우리가 살아가며 맞닥뜨리는 본질적인 문제들입니다. 그리고 불교는 이러한 질문에 대한 답을 찾아가는 여정 속에서 지혜와 깨달음을 제공합니다.

부처님께서 삶은 고해(苦海)라고 말씀하셨습니다. 태어나는 순간 우리는 고통과 마주하게 되며, 이 고통을 피하려고 애쓰지만 결국 그 본질을 이해하고 받아들여야만 진정한 해탈의 길로 나아갈 수 있습니다. 고통은 피해야 할 대상이 아니라, 그 속에서 진리를 찾고 자기 자신을 깨달을 수 있는 도구가 되는 것입니다. 그래서 부처님의 가르침은 우리에게 "고통에서 도망치지 말고 그것을 직시하라"라고 말합니다. 고통을 직면하고 그 속에서 지혜를 얻는 것이 바로 깨달음의 길입니다.

이 책은 "어디쯤 머물고 있을까?"라는 질문에서 출발합니다. 우리는 과연 지금 어디에 서 있으며, 어느 방향으로 나아가고 있는지, 그리고 이 여정의 끝에 무엇이 기다리고 있을지에 대해 끊임없이 성찰해야 합니다. 이 질문은 단순히 철학적인 물음이 아닙니다. 이는 우리 각자가 매일의 삶 속에서 자신에게 던져야 할 화두이자, 불교적 수행의 중요한 한 부분입니다. 깨달음의 길은 멀리 있는 것이 아니라, 우리가 걸어가는 매 순간 속에 존재합니다.

삶을 돌아보면, 그 여정은 단순히 시간의 흐름에 따라 흘러가는 것이 아닙니다. 우리가 걸어가는 길에는 각각의 발자국마다 의미가 있으며, 그 과정에서 우리는 스스로를 끊임없이 발견하고, 또 잃어버리기도 합니다. 불교에서는 이 과정을 수행이라고 부릅니다. 수행은 단순한 명상이 아니며, 우리의 일상 속에서 끊임없이 실천되어야 하는 지혜의 여정입니다. 불교적 관점에서 삶의 모든 순간은 수행의 연속이며, 우리는 그 과정 속에서 진리를 깨달아 나갑니다.

이 법문집은 바로 그 여정에서 우리의 위치를 점검하고, 그 길을 더 밝고 명료하게 걸어갈 수 있도록 돕기 위해 만들어졌습니다. " 어디 쯤 머물고 있을까?"라는 질문은 단순히 현재의 위치를 묻는 것이 아니라, 그동안의 삶을 성찰하고 앞으로의 길을 모색하게 합니다. 우리가 지금 있는 자리에서 다시 한 번 자신을 돌아보고, 새로운 지혜와 통찰을 얻을 수 있는 기회가 될 것입니다.

삶의 여정은 불확실하고 때로는 고통스럽습니다. 그러나 그 여정 속에서 우리는 중요한 깨달음을 얻게 됩니다. 우리가 서 있는 위치를 이해하고, 그 길의 끝에 무엇이 기다리고 있는지 알게 될 때, 비로소 진정한 자유와 평온을 찾을 수 있습니다. 이 여정은 개인적인 깨달음의 길일뿐만 아니라, 모두가 함께 걸어가야 할 길이기도 합니다. 불교의 가르침 속에서 우리는 고통과 환희, 그리고 그 모든 것을 넘어서는 궁극적인 지혜를 발견할 수 있습니다.

이 책을 통해 우리는 스스로에게 묻고, 그 질문에 대한 답을 찾아가는 여행을 시작하게 될 것입니다. 이 여정 속에서 우리는 지금 어디에 서 있는지, 앞으로 어디로 나아갈지에 대해 깊이 성찰하고, 자신만의 길을 찾아가게 될 것입니다. 고통을 넘어 진정한 평화를 얻고, 그 평화 속에서 깨달음을 얻는 여정은 누구에게나 열려 있으며, 이 책이 그 여정에서 당신에게 작은 등불이 되기를 바랍니다.

끝없는 여정 속에서, 우리 모두는 함께 배우고 성장하고 있습니다. 이 책이 그 여정의 길잡이가 되어 여러분이 삶의 깊이를 더 이해하고,

궁극적인 깨달음으로 나아가는 길을 비추는 작은 지혜의 등불이 되기를 진심으로 기원합니다.

그리고 원고를 정리해 주신 도서출판 국부카르마(國富Karma) 모든 직원 분들께 감사의 마음을 전하며, 부처님의 가르침을 현창(顯彰)하는 데 앞으로도 최선을 다할 것을 약속드립니다.

* 서문

* 들어가는 말

제1장 육도윤회
　　우리가 머무는 세계 · 17
　　인간 세상에 왔다는 것 · 20
　　윤회는 끝이 없는 길 · 27
　　윤회의 고리 · 33
　　육도와 현대사회 · 39
　　업의 정의 · 45
　　업의 무게와 작용 · 51
　　인과응보 · 57
　　불교적 삶의통찰 · 62
　　혼자임과 삶의본질 · 67

제2장 깨달음의 여정
　　삶의 본질을 아는 깨달음 · 77
　　사성제와 고통의 원인 · 82
　　갈애의 뿌리 · 89
　　지혜와 자비의 조화 · 95
　　극단을 피하는 길 · 103
　　괴로움의 소멸 · 108
　　집착과 포기의 균형 · 114
　　자아와 타인의 경계 · 120
　　쾌락과 금욕의 벗어남 · 128
　　삶의 완전한 해탈 · 135
　　도(道)와 과(果) · 142

## 제3장 12연기의 해체

12연기의 순환 구조 · 157

무명(無明) 연기의 사슬 · 160

행(行) 행동이 미래를 결정 · 144

식(識) 인식의 세계 · 169

명색(名色) 인식과 경험 · 174

육입(六入) 감각기관과 마음의 작용 · 177

촉(觸) 감각과 마음의 접촉 · 181

수(受) 감각에 대한 반응 · 186

애(愛) 갈애와 욕망의 고통 · 191

취(取) 취착의 본질 · 195

유(有) 존재의 씨앗 · 204

생(生) 탄생이 주는 기쁨과 슬픔 · 215

노사(老死) 늙음과 죽음 · 218

## 제4장 수행 속으로

수행의 필요성과 목적 · 229

수행의 기본 원리와 방법 · 231

삶의 균형을 찾아서 · 234

내면의 조화 · 238

수행의 균형적 접근 · 245

수행 중 직면하는 어려움 · 248

업을 정화하는 수행법 · 254

사마타와 위빠사나 수행 · 260

팔정도수행 · 267

염불수행 · 274

불사수행 · 285

열반의 궁극 · 295


* 나가기

* 부록

부처님께서 열반에 드신 지 2,569년이 지난 오늘날에도, 많은 불자들이 육도윤회(六道輪回)와 인과응보(因果應報)의 개념에 대해 확신하지 못하는 것이 현실입니다. 또한, 물질문명과 외도의 사견(邪見)에 휩쓸려 단견(斷見)과 상견(常見)을 주장하는 외도들이 활개 치는 이 세상을 안타깝게 바라보지 않을 수 없습니다.

육도윤회란, 깨달음을 얻지 못한 중생들이 자신의 업(業)에 따라 반복적으로 태어나고 고통 받는 여섯 가지 세계를 의미합니다. 이는 천상계, 아수라계, 인간계, 축생계, 아귀계, 지옥계를 통칭하는 것이며, 이 여섯 세계를 모두 아울러 중생계(衆生界)라고 합니다. 우리 인간 또한 이 중생계의 한 부분으로, 현재 인간계에 머물고 있지만, 다시 윤회하여 다른 세계로 태어날 수 있습니다. 여기서 '윤회'를 '환생(還

10

生)'과 혼동해서는 안 됩니다.

'환생'은 힌두교의 아트만 사상과 관련이 있으며, 중생계의 유정(有情)들이 죽은 후 그 영혼이 다른 모습으로 태어난다고 주장합니다. 반면 불교의 윤회는 무아 사상과 연관되어, '업보는 있으나 작자는 없다'는 잡아함경(雜阿含經)의 가르침처럼, 자아(自我)를 끌고 다니는 주체가 존재하지 않음을 의미합니다. 생명이 다하면, 육신인 오온(五蘊)을 지탱하던 사대(四大)는 흩어져 사라지고, 업생신(業生身)인 색수상행식(色受相行識)은 업(業)에 따라 재생의 연결고리로서 새로운 존재로 이어집니다. 이것이 불교의 윤회사상입니다.

부처님께서는 모든 존재가 무상하고 고(苦)이며, 무아라는 진리를 설하시며, 내생(來生)에 보다 나은 존재로 태어나길 바란다면 지금 이 순간부터 불선업을 멀리하고, 선과보(善果報)를 얻기 위한 선업을 쌓으라고 강조하셨습니다. 윤회의 근본 원인은 무명과 갈애(渴愛)다. 무명은 바른 견해를 보지 못하고 어리석은 행위를 일으키는 것이며, 갈애는 부귀영화에 만족하지 못하고 끊임없이 더 큰 욕망을 추구하는 집착입니다. 그러나 우리가 선업을 쌓고 보시를 통해 공덕을 쌓더라도, 그것이 윤회의 사슬을 끊어내는 것과는 다릅니다.

윤회의 사슬을 끊는다는 것은 탐진치(貪瞋痴)의 번뇌가 완전히 소멸된 상태, 즉 아라한의 경지에 도달하는 것을 의미합니다. 부처님의 여래십호 중 두 번째 칭호인 '응공(應供)아라한'은 세상의 공양과 존경을 받을 만 한 자를 가리키며, 아라한은 더 이상 배우거나 닦아야 할 것이 없는 무학(無學)의 경지에 도달한 성자입니다. 아비담마에 따르면, 아라한은 10가지 족쇄를 완전히 제거한 존재로, 그 족쇄는 유신견(有身見), 계금취견(戒禁取見), 의심(疑), 애욕(愛欲), 분노(忿怒), 색탐(色貪), 무색탐(無色貪), 자만(自慢), 도거(掉擧), 무명(無明)입니다. 성문사과(聲聞四果) 중 최상의 경지를 의미합니다. 수다원과(須陀洹果), 사다함과(斯陀含果), 아나함과(阿那含果)는 유학(有學)이라 불리며, 우리와 같은 일반 불자들은 범부(凡夫)에 속합니다.

우리가 선업을 많이 지어도 성인의 흐름에 들어가는 것은 극히 어려운 일이지만, 그럼에도 불구하고 포기해서는 안 됩니다. 우리 모두는 불성을 지닌 고귀한 존재라는 사실을 자각해야 합니다. 시간이 다소 걸릴 뿐, 결국에는 성문사과에 도달하고 아라한이 될 수 있습니다. 모든 중생이 불성을 지니고 있어 누구나 부처가 될 수 있다는 '일체중생 실유불성(一切衆生悉有佛性)'의 가르침을 이해한다면, 마음이 고양되고 큰 희열이 생겨날 것입니다. 또한, 모든 존재의 행복을 기원하는 자비희사(慈悲喜捨)의 마음이 깃들고, 사성제(四聖諦)에 대한 바른 지혜가 자라나게 됩니다.

이번에 출판된 어디쯤 머물고 있을까라는 법문집은 불자들이 한 생을 살아가며 자신이 어느 위치에 머물고 있는지 자각하게 함으로써, 다음 생에는 더 수승한 세계로 태어나 삼악도의 고통을 피하고, 윤회의 사슬을 끊을 수 있는 성문사과에 도달하는 것이 최상의 보시(布施)가 아닐까 하는 생각에서 출판되었습니다.

이 책에서는 앞서 언급한 윤회와 인과응보, 사성제, 팔정도뿐만 아니라 연기법, 업장, 전생, 사념처 수행, 참선의 중요성, 그리고 성문사과 수다원, 사다함, 아나함, 아라한에 이르는 수행법 등을 다루었습니다.

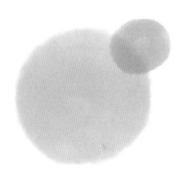

• 우리가 머무는 세계
• 인간 세상에 왔다는 것
• 윤회는 끝이 없는 길
• 윤회의 고리
• 육도와 현대사회
• 업의 정의
• 업의 무게와 작용
• 인과응보
• 불교적 삶의통찰
• 혼자임과 삶의본질

# 1장
---
## 육도윤회

# 우리가 머무는 세계

　우리가 살아가는 이 세상은 크게 열 가지 세계로 나뉩니다. 하품(下品) 세계로는 지옥(地獄), 아귀(餓鬼), 축생(畜生)이 있고, 중품(中品) 세계로는 아수라(阿修羅), 인간(人間), 천상(天上)이 있으며, 상품(上品) 세계로는 성문(聲聞), 연각(緣覺), 보살(菩薩)의 세계가 있습니다. 그리고 최고의 경지인 자유, 무아의 경지, 피안(彼岸), 고요, 열반(涅槃)의 세계, 즉 아뇩다라삼먁삼보리(阿耨多羅三藐三菩提)라는 무상정각(無上正覺)의 세계가 존재합니다. 이 경지에 들어가면 더 이상 윤회하지 않는 아라한(阿羅漢)의 경지에 도달하게 됩니다. 이러한 경지에 이르기 위해 수많은 수행자들이 끊임없는 정진을 하고 있는 것입니다. 이 경지는 어떤 속박도 없이 항상 만족하며, 더 바랄 것이 없는 완전한 경지입니다. 그렇다면 이 세계는 어디에 존재하는 것일까요?

금강경 제3품에 따르면, 지구상에 존재하는 중생들의 생존 방식은 다양합니다. 태생(胎生), 난생(卵生), 습생(濕生), 화생(化生)의 네 가지로 구분됩니다. 태생은 모태로부터 태어나는 것을 의미하며, 난생은 알을 통해 태어나는 것으로 공중을 날아다니는 새들이 해당합니다. 습생은 습기로 인해 태어나는 생명체들로, 모기, 곰팡이, 벌레 등이 이에 포함됩니다. 화생은 천상, 아귀, 지옥, 아수라, 꿈의 세계처럼 인간의 육신을 떠나 환상의 세계에 존재하는 생명체들을 가리킵니다. 이때 꿈 속에서 경험하는 세계도 이 범주에 포함됩니다. 꿈은 현실에서 벗어나 다중적인 세계, 원망의 세계, 환상의 세계, 형상으로 나타나는 꽃이나 나무, 돌, 구름 등을 경험하는 세계입니다.

우리의 인생에서 현재 내가 어느 자리에 있는지를 인식하는 것은 중요합니다. 지옥, 아귀, 축생, 아수라, 인간, 천상, 성문, 연각, 보살, 부처라는 열 가지 세계 중에서 우리는 중품에 속하는 인간의 자리, 즉 중간 지점에 머물고 있습니다. 이는 무수한 과거의 무량겁(無量劫) 동안 지옥, 아귀, 축생의 고통에서 벗어나 지금 이 지점에서 수행할 수 있는 자유와 의지의 힘을 갖게 된 것이 얼마나 다행스러운 일인지 모릅니다.

과거의 생애에서 고통에서 벗어나지 못하고 헤매던 시간이 얼마나 길었을까요? 이 남섬부주(南贍部洲)에 태어나는 것은 마치 큰 태평양 바다 속에서 눈 먼 거북이가 백년에 한 번 물 위로 올라와 나무 막대기를 만나는 것과 같은 행운입니다. 이 지구에서 태어나 제가 이 글을 쓰고 불자 여러분이 이 글을 읽는 인연이 된 것은 얼마나 큰 행운인지 모릅니다. 그리고 일상에서 물질적 풍요를 추구하고 오락과 술에 빠져 방황하는 이들보다 잠시나마 이 글을 통해 자신의 위치를 돌아볼 수 있는 기회가 주어진 것은 소중하고 귀한 인연이라 할 수 있습니다. 이렇게 동아줄을 잡은 우리는 그 기회를 놓치지 않고, 노력을 다해야 합니다. 이 글을 통해 불자 여러분이 이 인연을 허투루 보내지 않기를 바랍니다.

인간으로서 태어난 우리에게는 지혜와 힘이 주어져 있습니다. 짐승이나 미물이 아닌 인간으로서, 지구에 존재하는 수많은 유정들 중 가장 지혜로운 존재로서 만물을 다스릴 수 있는 능력을 갖고 태어났습니다. 이 능력을 잘 사용하여 이 생에서 열반의 경지, 부처의 경지, 자유의 경지에 도달한다면 윤회에서 벗어날 수 있는 행운을 얻은 것입니다. 비록 그 경지에 도달하지 못하더라도, 보시행을 실천하여 한 단계 올라선다면, 지구에 태어난 보람이 있는 것입니다. 즉, 우리는 인생의 가치를 깨닫고 "밥값을 한 셈"이 되는 것입니다.

이렇게 한 단계 올라서기 위해서는 자신의 과거를 정확히 이해해야 합니다. 자신의 무의식 속에 나타나는 습관과 업보를 인식하는 것이 필요합니다. 그러나 이 습관과 업보를 바꾸는 일은 쉽지 않습니다. 의식은 무의식을 이기기 어렵기 때문입니다. 이를 극복할 방법은 꾸준한 기도와 보시행을 통해 업장을 소멸시키는 것입니다.

# 인간 세상에 왔다는 것

　부처님께서는 인간으로 태어나는 일이 얼마나 어려운지를 강조하신 이야기를 전해주셨습니다. 어느 날, 부처님께서는 손톱 위에 흙을 조금 올리시며 이렇게 말씀하셨습니다. "인간으로 태어나는 자는 이 손톱 위의 흙만큼 드물고, 지옥, 축생, 아귀, 아수라에 태어나는 자는 저 대지 위의 흙만큼 많다." 이 말씀은 인간으로 태어나는 것이 얼마나 희귀하고 어려운 일인지, 동시에 인간 존재의 존귀함을 깨닫게 해줍니다.

　현재 지구의 인구는 약 70억 명에 달합니다. 그러나 축생의 수는 이보다 훨씬 많아, 아마 수백조에서 수천조에 이를 것입니다. 여기에 지옥과 아수라의 존재를 합하면 그 숫자는 헤아리기 어려울 정도입니다. 이는 인간으로 태어날 확률이 얼마나 희박한지를 의미하며, 그만큼 모든 생명을 존중해야 한다는 가르침이기도 합니다. 인간을 평가할 때 부귀빈천(富貴貧賤)이나 외모와 행운의 유무로 재단해서는 안 된다는 것입니다.

중생은 무수히 많은 업(業)에 따라 윤회를 반복합니다. 부처님께서 갠지스강의 모래알에 비유하신 것처럼, 중생의 업은 헤아릴 수 없이 많습니다. 이 업들 중에는 현재 생에 받는 과보(果報)도 있고, 미래의 생에 받게 될 과보도 있으며, 어떤 업은 기한이 정해지지 않아 오랜 시간에 걸쳐 과보를 낳기도 합니다. 우리는 이러한 수많은 업 중 선업(善業)의 인연이 발아하여 인간으로 태어난 것입니다. 그만큼 인간의 존재는 그 자체로 소중하고 희귀합니다.

그러나 인간의 한생(一生)은 짧습니다. 도솔천(兜率天)의 천인들은 인간의 삶을 보고 이렇게 말한다고 합니다. "저 인간들은 마치 몇 초만 살다가는 것처럼 보이는데, 저렇게 힘들어하고 고통스러워하는구나." 이처럼 천인의 시선에서 본다면 인간의 생명은 순간과도 같을 정도로 짧습니다. 장자(莊子)는 이를 "인생은 흰 말이 문틈을 스쳐 지나가는 것처럼 순간일 뿐이다"라고 표현하였습니다. 이처럼 짧고 순간적인 인생에서 부귀빈천이나 외모, 행운과 불행이 무슨 의미가 있을까요?

원효 스님께서도 도솔천의 천인들의 수명을 5억 7천6백만 년 이라고 말씀하셨습니다. 인간의 100년을 이에 대비해 본다면 인간의 삶이 얼마나 찰나의 순간인지 깨달을 수 있습니다. 결국, 부귀빈천이나 외모와 같은 외적 조건에 매달리는 것은 무상함(無常)을 자각하지 못한 결과입니다.

부처님께서 코살라국의 기원정사에 계실 때, 사밧티 가문의 여인 키사 고타미(Kisagotami)의 이야기를 소개해 보겠습니다. 키사 고타미의 이야기는 부처님의 가르침 중 무상의 진리를 명확하게 보여주는 대표적인 사례입니다. 부처님께서 코살라국의 기원정사에 계실 때, 사밧티의 한 여인인 키사 고타미의 사연이 전해졌습니다. 그녀는 몸이 깡마르고 가난한 집안 출신이었으나 신분이 높았던 덕에 젊은 재산가와 결혼할 수 있었습니다. 그러나 친정의 가난과 외모 탓에 시댁에서 냉대와 구박을 받아야 했습니다. 그러던 중, 그녀가 아들을 낳자 남편과 시댁 식구들로부터 비로소 인정을 받게 되었습니다. 하지만 아들은 걸음마도 떼기 전에 갑작스레 목숨을 잃었습니다.

아들을 잃은 슬픔과 충격으로 키사 고타미는 아들의 시신을 안고 마을을 돌아다니며 아들을 살릴 수 있는 약을 찾기 위해 애를 썼습니다. 그때 누군가가 그녀에게 부처님을 찾아가보라고 권했습니다. "부처님께서 당신이 찾고 있는 약을 가지고 계십니다."라는 말을 듣고, 키사 고타미는 기원정사로 향해 죽은 아들을 부처님 앞에 두고 눈물로 애원했습니다. "부처님, 제 아들을 살려 주십시오!"

부처님은 그녀의 슬픔을 이해하며 차분하게 말씀하셨습니다. "여인이여, 사람이 죽은 적이 없는 집에서 겨자씨 한 줌을 얻어 오너라." 키사 고타미는 희망을 품고 죽은 아들을 품에 안고 첫 번째 집을 찾아가 문을 두드렸습니다. "제발, 제게 겨자씨 한 줌만 주십시오. 그것이

제 아들을 살릴 약이라고 합니다." 겨자씨를 얻고 나온 키사 고타미는 주인에게 물었습니다. "이 집에는 사람이 죽은 적이 없습니까?"

주인은 이렇게 대답했습니다. "작년에 우리 아버지가 돌아가셨소." 그녀는 한숨을 내쉬며 겨자씨를 내려놓아야 했습니다. 키사 고타미는 그 후에도 많은 집을 돌며 같은 질문을 반복했지만, 사람이 죽지 않은 집은 단 한 곳도 찾을 수 없었습니다. 마을 사람들은 그녀의 사정을 알고 동정했지만, 아무도 그녀를 도울 수 없었습니다.

여러 집을 돌아다니던 키사 고타미는 결국 지친 몸을 이끌고 죽은 아들을 내려놓고 깊은 생각에 잠겼습니다. 그때 비로소 그녀는 자신만이 아들의 죽음을 경험한 것이 아니라, 이 세상 모든 가정이 사랑하는 이의 죽음을 맞이하며 살아가고 있다는 사실을 깨달았습니다. 또한, 세상에는 죽은 사람이 살아 있는 사람보다 훨씬 많다는 진리도 알게 되었습니다. 이 깨달음을 통해 키사 고타미는 부처님께서 겨자씨를 구해 오라고 하신 것은 자신으로 하여금 무상의 진리를 체득하게 하기 위함임을 이해했습니다. 부처님의 지혜와 자비에 크게 감동한 그녀는 자신의 깊은 슬픔과 애착이 점차 사라짐을 느꼈습니다.

그 후, 키사 고타미는 죽은 아들의 시신을 숲속에 묻고 기원정사로 돌아가 부처님께 사람이 죽지 않은 집은 찾을 수 없었다고 보고했습니다. 이에 부처님께서는 그녀에게 무상의 진리를 설하셨습니다. "키사 고타미여, 인생은 무상하다. 너는 너만이 아들을 잃은 줄 알았겠지만, 세상 모든 존재에게는 죽음이 필연적이다. 죽음은 누구도 피할 수 없는 운명이며, 중생이 자신의 욕망을 다 채우기도 전에 그들을 데려가 버리는 것이니라."

키사 고타미는 부처님의 가르침을 통해 자식을 잃은 큰 슬픔에 대한 집착을 떨치고, 마침내 진리에 눈을 떴습니다. 이후 그녀는 부처님의 지도 아래 수행에 매진하여 아라한과를 증득하게 되었습니다. 이처럼 강인한 마음과 단단한 정신세계로 무장한 그녀를 사람들은 '금강 고타미'라고 부르게 되었습니다.

이 이야기는 무상(無常)의 진리를 통해 부처님의 자비로운 방편(方便)과 인도의 교화 과정을 잘 보여줍니다. 키사 고타미의 사례는 불교의 무상관(無常觀)과 그 진리의 깨달음이 어떻게 인간의 고통과 집착을 치유하고 해탈로 나아가게 하는지를 상징적으로 나타내며, 불교의 실천적 가르침의 중요한 예시로 손꼽힙니다.

부처님께서는 현재 이 순간, 수행에 전념할 것을 가르치십니다. 그 이유는 인간으로 다시 태어나는 것이 매우 어렵기 때문입니다. 윤회의 과정에서 우리의 욕망, 분노, 탐욕에 이끌려 삼악도(지옥, 아귀, 축생)에 빠질 위험이 크기 때문입니다. 부처님께서는 성문사과(聲聞四果)의 경지에 이르지 못한 자들은 대부분 축생, 지옥, 아수라의 세계로 흘러갈 수밖에 없다고 말씀하셨습니다. 과거와 현재의 불선업(不善業)이 조건에 맞물리면, 선업을 쌓았더라도 결국 삼악도에서 고통을 경험하게 될 수 있습니다. 이는 불교의 인과법칙과 업(業)의 원리에 따른 자연스러운 결과입니다.

현대 사회에서도 우리는 무의식적으로 끊임없이 살생을 행하고 있습니다. 예를 들어, 생선과 육류를 섭취하며 동물의 생명을 빼앗고, 모기나 해충을 없애기 위해 그 생명을 끊습니다. 우리가 매일 무심코 저지르는 이러한 작은 행동들이 결국 큰 업을 형성한다는 점을 인식할 필요가 있습니다. 이러한 행위를 지속하면서도 인간 또는 천상에 태어나기를 기대한다면, 이는 불교의 교리와 업의 원리를 올바로 이해하지 못한 결과라 할 수 있습니다.

우리가 축생계에서 흔히 볼 수 있는 물고기, 닭, 모기와 같은 작은 존재들이 과연 축생의 삶을 선택해서 살고 있는 것일까요? 그들도 과거의 업에 의해 현재의 삶을 살고 있는 것입니다. 이처럼 모든 생명은 과거의 업에 묶여 윤회를 거듭하며 생을 살아가고 있습니다. 우리 인간 또한 예외가 아닙니다. 우리가 축생, 아수라, 또는 지옥에서 고통을 겪었던 생이 수없이 많을 것입니다. 그 긴 고통의 시간과 과정을 거쳐 현재의 귀한 인간 생을 얻었다는 사실을 잊지 말아야 합니다.

불교의 관점에서, 천상의 천인(天人)은 인간의 삶을 매우 짧고 덧없는 존재로 바라봅니다. 그러나 이는 마치 인간이 하루살이와 같은 미물의 삶을 짧다고 느끼는 것과 같습니다. 그럼에도 불구하고 하루살이는 그 짧은 생애 동안 나름의 본분을 다하며 최선을 다해 살아갑니다. 천상, 인간, 축생, 미물 모두 각자의 생을 살아가고 있다는 점에서, 고통과 기쁨은 모든 존재가 경험하는 공통된 요소임을 알 수 있습니다.

그렇다면 우리는 어떻게 해야 할까요? 부처님의 가르침에 따르면, 지금 이 순간 수행에 집중해야 합니다. 업은 조건이 맞을 때 언제든 과보를 불러오기 마련입니다. 지금 우리가 쌓고 있는 선업과 불선업이 결국 다음 생의 형태를 결정짓게 될 것입니다. 불교에서는 이러한 업의 과보와 윤회에 대한 이해를 바탕으로, 현재의 삶에서 적극적인 수행과 선업을 통해 고통의 연속성을 끊는 것이 중요하다고 봅니다.

따라서 짧고 덧없는 이 한 생을 의미 있게 보내는 방법은 부처님의 가르침을 실천하고, 수행을 통해 마음을 닦는 것입니다. 또한, 다른 생명체를 존중하고 자비를 실천하는 삶을 살아야 합니다. 이러한 삶의 태도는 우리가 윤회의 고통을 피할 수 있는 중요한 기회를 제공합니다. 현재의 귀한 인간 생은 결국 윤회의 고통에서 벗어날 수 있는 중요한 기회를 주고 있으며, 이를 헛되이 보내지 않고 올바르게 수행하며 사용하는 것이 우리의 과제입니다.

부처님께서는 우리에게 모든 중생에게 자비를 베풀고, 작은 불선업(不善業)이라도 피하며 올바른 수행에 힘쓸 것을 권고하셨습니다. 이것이 바로 부처님께서 인간으로 태어났을 때 실천해야 할 가장 중요한 일, 즉 수행의 길입니다.

불교의 윤회와 업보의 이치를 깊이 이해하고, 현재의 삶에서 올바른 실천을 통해 윤회의 고통에서 벗어날 수 있도록 하는 것이 불교의 궁극적인 목표입니다. 그러므로 우리는 현재를 낭비하지 않고 부처님의 가르침을 바탕으로 올바른 삶을 살아가야 합니다.

# 윤회는 끝이 없는 길

윤회(輪廻)란, 우리가 계속해서 삶과 죽음을 반복하며 그 안에서 고통과 즐거움을 되풀이하는 과정을 뜻합니다. 이런 반복은 우리가 이전에 지은 업(業)에 의해 만들어지며, 업은 이전에 한 행동이나 마음가짐이 현재와 미래에 영향을 미치는 것을 의미합니다. 예를 들어, 사람이 남에게 자비로운 마음으로 도움을 주면 그 사람이 더 행복하고 평온한 삶을 살 확률이 높아집니다. 반면, 누군가를 미워하고 해를 끼치면 결국 그 행동이 되돌아와 고통을 겪게 됩니다.

윤회를 설명할 때 자주 드는 비유가 물레방아입니다. 물레방아는 물이 끊임없이 흐르며 돌고 돌아 같은 자리를 반복합니다. 이처럼 윤회도 마치 물레방아가 물에 의해 끝없이 돌듯, 과거의 업과 욕망이 윤회의 순환을 일으킵니다. 물이 흐르지 않으면 물레방아가 멈추듯이,

우리가 업을 만들어내지 않으면 윤회도 멈추게 됩니다. 그래서 불교에서는 이 끝없는 고통의 순환을 끊고 열반(涅槃)에 도달하기 위해 수행을 강조합니다.

불교에서는 윤회를 단순히 생과 사의 순환으로만 보지 않고, 우리의 감정과 욕망이 지속적으로 반복된다고 설명합니다. 사람은 누구나 즐거움과 괴로움 그리고 덤덤함이라는 세 가지 감정을 경험하는데, 이런 감정들은 우리가 과거에 경험한 느낌이 마음속에 쌓이며 생기는 것입니다. 예를 들어, 어린 시절 누군가가 나에게 친절하게 대해 준 기억이 있다면, 누군가의 친절을 보며 마음이 따뜻해지는 감정을 느낄 수 있습니다. 반대로, 고통스러운 경험은 분노와 같은 감정을 일으키고, 이런 감정에 집착할수록 새로운 고통을 만들어내게 됩니다.

집착은 마치 뜨거운 불꽃을 손에 쥔 것과 비슷합니다. 불꽃이 손을 데이지만, 계속 쥐고 있으면 더 큰 고통을 느끼게 됩니다. 마찬가지로, 즐거움을 끝없이 쫓거나 싫은 감정을 억지로 피하려고 집착하면, 새로운 고통이 만들어지기 마련입니다. 그러므로 불교에서는 감정을 있는 그대로 알아차리고, 그에 대한 집착을 줄이는 것이 중요하다고 가르칩니다.

윤회의 근본적 원인은 욕망(欲望)입니다. 욕망은 사람으로 하여금 끊임없이 더 좋은 것, 더 많은 것을 찾게 합니다. 이런 탐욕은 만족하기 어렵기 때문에 결국 고통의 원인이 되며, 윤회의 굴레에 갇히게 만듭니다. 예를 들어, 돈을 더 많이 벌고자 하는 욕망은 처음엔 좋은 목적일 수 있지만, 점점 더 많이 원하는 마음이 커질수록 만족은 줄어들고, 불안과 고통이 커지게 됩니다. 이를 벗어나기 위해서는, 자신의 욕망과 감정을 있는 그대로 알아차리는 마음 챙김 수행이 필요합니다.

어린아이가 손에 떡을 꽉 쥐고 놓지 않는다고 가정해 봅시다. 손에 떡을 쥐고 있으니 그 맛있는 떡을 먹지 못하고, 결국 배고픔과 짜증만 남게 됩니다. 이와 같이 우리가 욕망을 놓지 않으면, 욕망 자체가 고통의 원인이 되어 우리를 윤회의 굴레 속으로 이끌게 됩니다. 탐욕, 성냄, 어리석음 같은 감정들을 줄이기 위해 불교는 명상과 마음 챙김 수행을 통해 감정을 고요히 바라보도록 가르칩니다.

윤회는 끝이 없는 길처럼 보이지만, 불교에서는 이 순환을 끊는 길도 존재한다고 가르칩니다. 그것은 바로 마음을 알아차리고, 집착을 내려놓으며, 감정에 끌려가지 않는 지혜를 기르는 것입니다. 죽음조차도 윤회의 일부이지만, 깨달음을 통해 이 생과 사의 고통에서 벗어날 수 있습니다.

우리 삶 속에서 윤회를 벗어나기 위해 할 수 있는 일은 마음챙김과 이성적 판단을 생활 속에서 실천하는 것입니다. 예를 들어, 누군가가 우리에게 화를 낼 때 감정을 곧바로 반응하기보다는, 잠시 멈추고 그 화를 차분히 바라보는 연습을 할 수 있습니다. 이를 통해 우리는 작은 일에서부터 감정에 휘둘리지 않는 평온함을 경험할 수 있습니다.

이렇게 하루하루의 마음 챙김과 감정을 알아차리는 훈련을 통해, 우리는 윤회에서 벗어나 진정한 자유와 평화를 향해 나아갈 수 있습니다.

옛날, 수행승 카니카는 수행을 통해 마음을 다스리고 깊은 지혜를 얻은 승려였습니다. 그는 많은 사람에게 불법을 전하고 깨달음을 얻기 위해 정진했지만, 죽음을 맞이한 후 다시 세상에 태어났습니다. 그러나 이번 생에서는 왕족으로 태어나 부유하고 권력을 가지게 되었고, 세속의 유혹 속에서 과거의 깨달음과 불법에 대한 기억은 사라지게 되었습니다.

왕이 된 카니카는 점차 권력에 탐닉하게 되었고, 자신의 욕망을 위해 남을 해치고 탐욕을 부추기는 등 많은 죄를 저질렀습니다. 그의 삶은 점점 더 번뇌와 고통으로 얼룩지게 되었고, 자신도 모르게 많은 악업을 쌓게 되었습니다. 그가 지은 업의 무게는 그의 마음에 깊이 새겨졌고, 왕으로서의 생을 마친 후 다시 다른 삶으로 윤회하게 되었습니다.

새로운 생에서 카니카는 평범한 사람으로 태어났지만, 지난 생의 업의 결과로 인해 가난과 고통 속에서 살아야 했습니다. 그의 마음은 불안하고 괴로움이 끊이지 않았으며, 이유도 모른 채 삶에서 불행과 고통을 겪었습니다. 이러한 고통 속에서도 그는 삶과 죽음을 반복하며 여러 생을 경험했고, 이러한 윤회의 과정에서 점점 자신의 고통의 근원을 깨닫게 되었습니다.

마침내, 카니카는 여러 생의 고통을 통해 업의 법칙을 이해하게 되었고, 마음을 다스리는 법을 배우기 시작했습니다. 그는 다시 수행의 길에 들어서게 되었고, 지난 생의 잘못을 참회하며 모든 생명에 대한 자비와 사랑을 키우는 데 집중했습니다. 오랜 시간의 수행 끝에 그는 마침내 해탈에 도달하게 되었고, 윤회의 굴레를 벗어나게 되었습니다.

카니카의 이야기는 끊임없이 이어지는 윤회의 굴레와 생에 따라 쌓이는 업의 영향을 강조하며, 우리가 행한 모든 행동은 다음 생에까지 영향을 미친다는 불교적 교훈을 전달합니다.

카니카의 설화를 이해하기 위한 또 다른 비유는 물결의 비유입니다.

바다에서 일어나는 물결은 각기 다른 모양으로 일어났다 사라지지만, 그 물결 하나하나는 바다의 일부로서 끊임없이 이어집니다. 첫 번째 물결이 일어나고 사라지면서 그 힘은 다음 물결을 만들어내고, 그 다음 물결 역시 또 다른 물결을 일으키며 연속적으로 이어집니다. 바람이 거세지면 큰 물결이 일어나고, 바람이 잠잠해지면 잔잔한 물결이 일어나는 것처럼, 바다의 물결은 환경과 조건에 따라 모습을 바꾸지만 그 근원은 하나의 바다에 있습니다.

카니카의 삶을 물결에 비유하면, 그의 첫 번째 생에서 이루어진 수행과 선행은 잔잔한 물결처럼 일어났지만, 그 후의 욕망과 죄의 바람이 그의 삶을 거친 물결로 변화시켰습니다. 이 물결은 다음 생의 카니카에게 고스란히 전해져 고통과 불행으로 이어졌고, 물결의 연속처럼 그의 생은 업에 따라 모습을 바꾸며 흘러가게 됩니다.

그러나 바다 자체가 고요해지면 모든 물결이 잠잠해지듯, 카니카가 마음을 다스리고 수행을 쌓자 윤회의 물결도 잦아들고 고요한 상태로 돌아가게 됩니다. 이처럼 마음의 고요와 수행은 결국 업의 바람을 잠재우고, 끝없는 물결을 멈출 수 있는 유일한 길임을 보여줍니다.

# 윤회의 고리

우리는 삶과 죽음의 굴레, 그 반복되는 윤회의 고리를 어떻게 벗어날 수 있는지에 대해 이야기를 나누고자 합니다. 이 삶의 고통과 괴로움이 계속되는 이유는 우리가 윤회의 고리에 갇혀 있기 때문입니다. 그러나 이 고리는 깨뜨릴 수 있으며, 그 길을 불교의 가르침 속에서 발견할 수 있습니다.

우리는 항상 무엇인가를 갈망하고, 집착합니다. 그것이 우리의 마음을 얽어매고, 윤회의 고리로 이끌어 갑니다. 그대들이 느끼는 욕망과 집착이 어디서 시작되는지를 돌아보십시오. 집착에서 자유로워지려는 첫걸음은, 그것이 결국 괴로움의 원천임을 자각하는 데 있습니다. 부처님께서 설하신 '연꽃 이야기'가 있습니다. 맑은 연못 아래 깊은 진흙 속에서 아름다운 연꽃이 피어나듯, 우리도 스스로의 마음을 맑게 다스리면 윤회의 고리에서 벗어날 수 있습니다. 진흙 속에서 피어난 연꽃처럼 욕망의 진흙탕에서 벗어나려면, 우리가 느끼는 집착이 괴로움의 원천임을 알아차리는 것이 첫걸음입니다.

윤회의 가장 큰 원인은 '나'라는 생각에서 비롯됩니다. 우리가 '나'를 중요하게 여기고, 나를 중심으로 세상을 바라보면, 그 마음은 탐욕과 분노, 어리석음에 빠지기 쉽습니다. 그러나 불교에서는 '무아(無我)'를 가르칩니다. 나라는 고정된 실체가 없음을 알아차린다면 윤회에서 한 발짝 벗어날 수 있는 것입니다.

윤회는 인과(因果)의 법칙에 의해 작동합니다. 선한 행위는 선한 과보를, 악한 행위는 악한 과보를 불러옵니다. 우리가 행하는 모든 일들은 다음 생의 씨앗이 됩니다. 그러므로 일상에서 말과 행동, 생각까지도 지혜롭게 관찰하고 선을 쌓으면 윤회를 끊는 데 중요한 밑거름이 될 것입니다.

부처님께서는 우리가 겪는 고통의 원인을 제거하기 위해 '사성제(四聖諦)'를 설하셨습니다. 고통은 집착에서 오며, 집착을 버리면 윤회의 고통스러운 순환에서 벗어날 수 있습니다. 이를 실현하는 구체적인 방법으로 팔정도(八正道)를 가르치셨습니다. 정견, 정사유, 정어, 정업, 정명, 정정진, 정념, 그리고 정정입니다. 이 여덟 가지 길을 통해 올바르게 살고 깨어있는 삶을 살아간다면, 윤회의 고통스러운 고리를 끊을 수 있습니다.

어느 날 한 농부가 땅에 씨를 뿌리고 매일 돌보았지만, 그 씨앗이 자라는 데는 시간이 걸렸습니다. 그는 서두르지 않고 인내심을 갖고 매일 물을 주며 기다렸습니다. 결국, 풍성한 열매를 거두게 되었지요. 팔정도의 길도 이와 같습니다. 윤회의 고리를 끊기 위해서는 매 순간 올바른 마음으로 성실히 수행해야 합니다.

우리의 마음은 끊임없이 과거와 미래를 오가며 불안과 두려움을 만들어냅니다. 그 마음을 현재에 붙잡아두고, 지금 이 순간에 머무르는 것이 중요합니다. 마음 챙김과 명상은 그러한 연습을 돕는 훌륭한 도구입니다. 날마다 명상을 통해 내 마음을 들여다보고 고요하게 바라본다면, 윤회에서 벗어나는 길을 차분히 준비할 수 있습니다.

자비심을 일으키고 남을 위해 기꺼이 베풀 때, 우리의 마음은 순수해지고 밝아집니다. 타인을 위해 베푸는 행위는 우리 자신을 이롭게 합니다. 이 자비와 보시의 마음은 윤회의 고리를 끊는 큰 힘을 가지고 있습니다. 이기적인 욕망을 줄이고 타인을 위한 마음을 키운다면, 윤회의 고리는 점차 약해질 것입니다.

삶에서 고통은 피할 수 없는 부분입니다. 그 고통을 없애려고만 하지 말고, 고통을 바라보고 이해해 보십시오. 괴로움을 있는 그대로 인정하고 수용할 때, 그 괴로움의 속박에서 자유로워질 수 있습니다. 고통을 피하지 않고, 오히려 수용하고 연민의 마음으로 바라보는 것 또한 윤회를 벗어나는 길입니다.

윤회를 벗어나기 위해서는 단 한 번의 깨달음이나 한 순간의 실천으로 끝나지 않습니다. 이는 매일, 그리고 평생을 두고 실천해야 할 과정입니다. 삶의 매 순간을 수행의 기회로 여기고 끊임없이 노력하십시오. 그대들의 성실한 수행이 삶의 모든 굴레로부터 벗어나게 할 것입니다.

우리의 목표는 오직 윤회를 벗어나는 것뿐만 아니라, 참된 깨달음에 도달하는 것입니다. 깨달음이란 나라는 생각을 내려놓고, 모든 생명과 하나가 되는 마음입니다. 깨달음의 길은 어렵지만, 결국 윤회의 고리를 완전히 끊어낼 수 있는 참된 자유를 안겨줄 것입니다. 옛날 한 수행자는 자신이 잃어버린 목걸이를 찾기 위해 온 동네를 뒤졌습니다. 그런데 놀랍게도 목걸이는 자신의 목에 걸려 있었던 것입니다. 우리가 찾는 자유도 마찬가지입니다. 내가 나를 고정된 실체로 여기지 않는다면, 우리는 이미 윤회에서 한 발짝 벗어나 있는 것입니다.

마지막으로, 부처님의 가르침에 대한 깊은 신뢰가 있어야 합니다. 우리 앞을 비추는 가르침을 따라 꾸준히 정진하고, 신념을 갖고 수행한다면, 그대들은 반드시 윤회의 고리에서 벗어나게 될 것입니다. 이 길은 부처님께서 이미 걸어가신 길입니다. 부처님을 따르는 그대들도 이 길에서 자유와 해탈을 찾으실 수 있습니다.

윤회의 고리는 그대를 구속하지만, 동시에 이 고리는 끊어질 수 있습니다. 우리는 자유로워질 수 있습니다. 부처님의 가르침에 따라 날마다 깨어있는 삶을 살아가며, 해탈의 길로 나아가기를 바랍니다.

옛날, 인도의 밀린다왕은 지혜롭고 호기심이 많은 왕이었으며, 여러 스승과 철학자들에게 윤회와 삶의 본질에 대해 질문하며 답을 찾고

자 했습니다. 그러던 중 왕은 명망 높은 스님 나가세나존자를 만나게 되었습니다. 그는 나가세나존자에게 끊임없이 이어지는 윤회의 고리에서 벗어나는 길에 대해 묻습니다.

밀린다왕은 나가세나존자에게 질문합니다. "스님, 나는 이 삶이 끝나면 다른 삶으로 다시 태어날 것이고, 또 다른 생에서도 고통과 기쁨을 경험하게 될 것입니다. 이 끝없는 윤회의 고리에서 어떻게 벗어날 수 있습니까?"

나가세나는 왕에게 질문으로 답합니다. "왕이시여, 당신은 지금 어디에 있는 것입니까?" 왕이 답합니다. "나는 왕궁에 있소." 나가세나는 다시 묻습니다. "그러면 왕궁은 어디에 있습니까?" 왕은 대답합니다. "도시 안에 있지." 나가세나는 또 물었습니다. "그 도시가 어디에 있습니까?" 왕이 대답합니다. "이 나라에 있소." 나가세나는 다시 물었습니다. "그 나라가 어디에 있습니까?" 왕이 생각하다가 답합니다. "이 나라의 경계는 하늘과 땅 사이에 있소."

나가세나는 왕에게 설명합니다. "왕이시여, 하늘과 땅 사이의 공간이 실체가 없듯이 우리의 존재 또한 실체가 없습니다. 삶은 무상(無常)하고 영원히 지속되는 것은 없습니다. 스스로 실체가 없음을 깨달을 때, 집착과 탐욕이 사라지고 윤회의 고리에서 벗어날 수 있습니다."

나가세나는 계속해서 설명합니다. "당신의 몸과 마음을 비롯한 모든 것은 변하는 존재이기에, 영원히 고정된 '나'란 존재하지 않습니다. 집착과 아집이 바로 윤회의 고리를 만드는 것인데, 이것을 내려놓고 무상을 깨달아 집착을 끊으면 더 이상 윤회에 휘말리지 않게 됩니다."

밀린다왕은 나가세나의 설명을 듣고 큰 깨달음을 얻었습니다. 그는 더 이상 집착하지 않고, 무상함과 무아의 원리를 받아들이며 삶을 수행과 자비로 채우기로 다짐합니다. 그의 마음은 평온해졌고, 윤회의 고리를 벗어나는 길로 한 걸음 더 나아가게 되었습니다.

이 이야기는 우리의 고통이 '나'라는 고정된 존재가 있다는 집착에서 비롯되며, 무상(無常)과 무아(無我)를 깨달아 마음을 비우고 집착을 내려놓는 것이 윤회의 고리를 벗어나는 길이라는 불교의 가르침을 전하고 있습니다.

# 육도와 현대사회

오늘날 우리는 불교의 오랜 교리 중 하나인 육도윤회를 단순히 생과 생을 이어가는 고리로만 이해하기보다는, 인간의 다양한 심리적, 사회적 경험으로 새롭게 해석할 필요가 있습니다. 육도윤회는 전통적으로 다음 생의 운명과 연결된 윤회적 세계관으로 설명되지만, 불교학자들은 이 윤회의 여섯 세계가 현재 삶 속에서도 존재하는 인간 마음의 다양한 상태를 상징한다고 봅니다. 불교학적 시각으로 육도윤회를 현대적으로 해석하여, 이 여섯 세계가 개인과 사회에 주는 교훈을 살펴보겠습니다.

천상도는 윤회에서 고통이 가장 적고 풍요롭다고 여겨지는 세계입니다. 불교 교리에서 천상도에 속한 존재들은 여러 생의 공덕을 쌓아 쾌락과 행복을 누리지만, 이는 영원하지 않습니다. 현대적 시각에서 천상도는 성공과 부유함, 사회적 지위를 통해 얻어지는 쾌락의 세계로 해석할 수 있습니다. 오늘날 많은 사람들은 이 "천상도의 상태"에 머물기 위해 물질적 성공을 추구합니다.

그러나 천상도에 집착할수록 우리는 점점 더 큰 욕망에 얽매이게 됩니다. 불교에서 말하듯, '무상(無常)'의 법칙에 따라 물질적 성취나 쾌락은 한순간에 사라질 수 있습니다. 진정한 행복은 물질의 풍요에서 오는 것이 아니라, 이 순간의 무상함을 깨닫고 무집착에 가까이 다가가는 데서 비롯됩니다. 천상도에 해당하는 현대의 많은 성공 추구 현상 속에서 우리는 무상과 집착을 넘어서려는 노력이 필요함을 배웁니다.

아수라도는 끊임없는 경쟁과 갈등이 일어나는 세계로, 다른 존재들보다 더 강하고자 하는 마음이 가득한 상태를 상징합니다. 현대 사회는 경쟁과 성과 중심의 구조로 이루어져 있습니다. 남보다 앞서기 위해 노력하는 마음, 자아를 드러내려는 욕구는 일면 필요하다고 볼 수 있지만, 이것이 지나치면 우리는 "아수라적 상태"에 갇힐 수 있습니다.

불교에서는 '화(怒)'가 아수라의 특징이라 말합니다. 이 아수라의 분노는 우리가 마음을 자각하지 못할 때 강해지며, 나아가 인간관계와 사회적 관계에서도 파괴적인 영향을 미칩니다. 결국 아수라적 마음은 우리를 고립시키고, 진정한 평화와 거리가 멀어지게 합니다. 경쟁 사회 속에서 자비와 관용을 일으키는 것은 아수라의 상태에서 벗어나려는 첫걸음입니다.

인간계는 모든 윤회의 세계 중 가장 특별한 위치를 차지합니다. 인간계의 존재는 자유의지를 가지고 선택할 수 있으며, 이를 통해 선과 악을 분별하고 윤회의 고리를 끊을 수 있는 가능성이 열려 있습니다. 현대에서는 '자아실현'과 '자기 성장'이라는 개념이 인간계와 닮아 있습니다. 인간계는 스스로를 성찰하고 선행을 쌓을 수 있는 선택의 기회가 주어지는 세계이기 때문입니다.

현대인들이 자신의 선택을 통해 윤회의 고리를 끊고 자유를 찾으려면, 올바른 판단과 도덕적 기준을 세워야 합니다. 인간계는 우리가 삶의 모든 순간에서 지혜롭게 선택할 때 비로소 의미가 깊어지는 곳입니다. 불교에서 말하는 '정견(正見)'과 '정사유(正思惟)'의 실천은 인간계에서 고통을 줄이며 올바른 길로 나아가는 중요한 가르침이 됩니다.

아귀도는 채워지지 않는 욕망과 결핍을 상징하는 세계로, 물질적, 감정적 결핍의 상태에 해당합니다. 현대 사회에서는 과도한 소비주의와 물질적 만족을 위한 끊임없는 갈망이 아귀도의 형태로 나타날 수 있습니다. 불교에서는 아귀도의 존재들이 큰 배와 작은 입을 가지고 있어 아무리 많은 것을 먹어도 결코 채워지지 않는다고 합니다.

이와 같이 현대인들이 아무리 많은 물질적 성공을 이루어도 채워지지 않는 공허함을 느낄 때, 이는 아귀도의 고통을 경험하는 것과 같습니다. 아귀도는 물질적 성취가 우리에게 참된 행복을 주지 않음을 일깨워 줍니다. 우리가 욕망을 줄이고 현재에 만족하는 법을 배울 때,

아귀도의 고통에서 벗어나 참된 평안을 얻을 수 있습니다.

축생도는 무지하고 본능적으로 살아가는 존재의 세계를 의미하며, 불교에서는 주로 탐욕과 어리석음을 상징합니다. 현대적 해석으로 축생도는 무지와 나태함에 휘둘려 삶의 의미를 잊고 시간을 허비하는 상태에 해당할 수 있습니다. 예를 들어, 무심코 소비하는 시간이나 무의미한 일에 집착하는 마음이 축생도의 본능적 행동과 일치합니다.

불교의 가르침에서는 축생도의 어리석음에서 벗어나기 위해 끊임없는 배움과 성찰이 필요하다고 합니다. 현 시대의 축생도는 자신을 돌아보고 의식적 삶을 지향할 때, 올바른 길로 나아갈 수 있습니다. 축생도는 우리에게 자각과 배움의 중요성을 일깨워 주며, 탐욕과 어리석음에서 벗어나는 길을 보여줍니다.

마지막으로 지옥도는 고통과 증오로 가득한 상태로, 인간의 마음이 분노와 절망에 사로잡혀 있는 상태를 의미합니다. 이는 마음속에 분노와 원망이 쌓일 때 나타나며, 타인뿐만 아니라 스스로를 파괴하는 길로 이끕니다.

지옥도를 '화(怒)'와 '한(恨)'이 가득한 상태로 설명하며, 이를 피하기 위해서는 자비와 용서를 실천해야 한다고 가르칩니다. 현대 사회에서 지속적인 스트레스와 좌절, 불안 속에서 지옥도의 마음 상태가 나타날 수 있습니다. 따라서 우리는 이러한 고통을 무의식적으로 받아들이기보다, 자각하고 스스로를 관찰하여 그 고통에서 벗어날 수 있는 방법을 찾아야 합니다.

육도윤회의 가르침은 과거의 교리로만 남는 것이 아니라, 현대의 사회적, 심리적 구조와 상황 속에서도 깊은 교훈을 줍니다. 천상도와 아수라, 인간도, 축생도, 아귀도, 지옥도는 현대적 삶 속에서 우리의 마음 상태를 비추는 거울과 같습니다. 각 세계가 우리에게 전하는 교훈을 바르게 이해하고 실천할 때, 불교에서 말하는 윤회의 고리에서 벗어날 수 있는 길이 열릴 것입니다.

옛날, 아귀도에 살던 한 중생이 있었습니다. 그는 욕심이 많아 살아 있을 때도 끊임없이 무언가를 얻고자 했지만, 언제나 부족함을 느끼며 탐욕을 채우지 못했습니다. 죽은 뒤 그는 아귀도로 떨어져 아귀가 되었고, 아무리 먹고 마셔도 갈증과 허기를 느끼는 고통에 빠졌습니다. 아귀가 되어 물을 찾으려 했지만, 물이 입에 닿을 때마다 불로 변하거나 모래가 되어 갈증을 해결할 수 없었습니다.

무더운 여름날, 목이 말라 고통스러워하던 아귀는 오아시스를 발견하고 달려가지만, 입을 대려는 순간 물이 흙탕물로 변했습니다. 그는 절망감에 빠졌고, 자신의 갈증이 단순히 물 부족 때문이 아님을 깨달았습니다. 평생의 탐욕과 끝없는 갈증이 그를 괴롭게 하고 있었던 것입니다. 아귀는 갈증을 내려놓는 법을 배우기 위해 마음을 다스리는 수행을 결심했습니다.

이 이야기는 현대 사회에서 끊임없이 소비하고 만족을 추구하는 우리의 삶을 상징적으로 보여줍니다. 물질적 풍요와 끝없는 소비 속에서도 만족하지 못하고, 더 많은 것을 소유하기 위해 끝없이 애쓰는 모습이 아귀의 갈증과 닮아 있습니다. 현대 사회는 다양한 형태로 갈증을 유발하는 자극을 만들고, 사람들은 끝없이 새로운 것을 얻고자 하는 욕망에 사로잡힙니다. 하지만 욕망의 본질을 내려놓고 진정한 만족과 평화를 찾기 위한 방법은 욕심을 다스리고 마음을 수행하는 데 있습니다.

　이 이야기는 현대 사회에서 우리가 느끼는 끊임없는 갈증과 욕망이 단지 외부의 부족에서 오는 것이 아니라, 내면의 집착에서 기인함을 깨닫게 해 줍니다. 이를 통해 진정한 평화를 찾고 무상(無常)의 법칙을 받아들이는 것이야말로 육도의 고리를 벗어나는 길임을 상기시킵니다.

# 업의 정의

업(業)의 의미는 문자 그대로 '행동'이나 '행위'를 뜻하지만, 부처님께서 설하신 불교의 가르침에서 업은 단순한 행위 이상의 의미를 지니고 있습니다. 부처님께서는 업을 '의도적인 행위'로 정의하시며, 행위 자체보다는 그 행위의 동기나 의도에 중점을 두셨습니다. "비구들이여, 의도가 바로 업이라고 나는 말한다."라고 부처님께서 말씀하셨습니다. 이는 모든 행동이 단지 외적인 움직임이 아니라, 그 밑바탕에 내적인 의도가 깔려 있음을 의미합니다. 이러한 의도는 신(身), 구(口), 의(意)라는 세 가지 방식으로 나타나며, 이를 통해 업이 형성됩니다.

신(身)은 신체적 행위, 구(口)는 말로 나타나는 언어적 행위, 의(意)는 마음에서 일어나는 정신적 행위를 뜻합니다. 이 세 가지 행위는 모두 의도에 의해 이루어지며, 의도는 우리 마음 깊은 곳에서 비롯됩니다. 따라서 신체적 행동이든 말이든, 심지어 마음속에서 일어나는 생각과 감정들조차도 업의 형성에 영향을 미칩니다. 부처님께서는 이처럼 의도에 따라 신, 구, 의의 행위가 이루어지며, 그 결과 중생들은 자신 안에서 행복과 고통을 경험하게 된다고 설하셨습니다. 다시 말해, 의도가 곧 우리의 삶에서 일어나는 모든 경험의 근본 원인인 것입니다.

그러나 이러한 의도는 단순한 자각에 의해 형성되는 것이 아니라, 무명(無明)이라는 근본적인 무지와 결합되어 우리를 고통과 윤회의 굴레에 묶어두는 주요한 원인이 됩니다. 무명은 존재의 본질에 대한 올바른 지혜를 얻지 못한 상태, 즉 진리를 알지 못한 상태를 뜻합니다. 무명으로 인해 중생들은 세계와 자신을 잘못 인식하고, 그로 인해 탐욕, 성냄, 어리석음이라는 삼독(三毒)에 의해 계속해서 고통을 자초하게 됩니다.

부처님께서는 이 의도를 바탕으로 한 업이 결과를 낳는다고 말씀하셨습니다. 선한 의도에서 비롯된 행위를 '선업'이라고 하여, 이는 선한 결과로 이어지고, 악한 의도에서 비롯된 행위를 '불선업'이라고 하여 악한 결과로 이어진다고 설하셨습니다. 업의 작용은 단순한 행위의 결과가 아니라, 그 행위를 일으킨 마음의 상태와 의도에 따라 선과 악이 나뉩니다. 선업은 자비와 지혜로 이루어진 의도를 바탕으로 한 행위이며, 이러한 행위는 선한 과보를 가져오고 행복과 번영을 불러일으킵니다. 반면, 불선업은 탐욕, 성냄, 어리석음에 의해 이루어진 행위로, 그 결과는 고통과 괴로움을 초래합니다. 이러한 업의 법칙은 불변의 원리로서, 우리 삶의 모든 경험은 과거의 업에 의해 결정된다는 것을 의미합니다.

업(業)이라는 말은 산스크리트어로 카르마(Karma)라고도 합니다. '카르마'는 본래 '행위'라는 뜻을 가지고 있는데, 불교에서의 업은 단순히 물리적인 행위만을 의미하지 않습니다. 우리의 생각, 말, 그리고 행동, 이 모든 것이 업을 형성하는 요소입니다. 즉, 인과법(因果法)에 따라 우리가 하는 모든 행위는 원인이 되어 반드시 그에 상응하는 결과를 가져오게 됩니다.

여기서 중요한 것은 우리가 지금 하고 있는 이 모든 행동들이 단지 현재의 결과만을 낳는 것이 아니라, 미래에 걸쳐서도 계속해서 영향을 미친다는 점입니다. 그래서 불교에서는 "업을 쌓는다"라는 표현을 자주 사용합니다. 이 말은 우리가 행한 모든 행동에 책임이 따른다는 의미입니다. 업의 작용은 눈에 보이지 않지만 그 영향은 매우 강력하게 우리의 삶을 좌우하기 때문에, 매 순간 어떤 업을 쌓고 있는지를 항상 주의해야 합니다.

먼저 선업은 타인에게 이익을 주고 고통을 덜어주는 행위, 그리고 우리의 영혼을 정화하는 이타적인 행위를 말합니다. 불교에서는 이러한 선업을 많이 쌓으면 현생뿐만 아니라 내생(來生)에도 좋은 결과가 이어질 것이라고 가르칩니다. "선업을 많이 쌓는 자는 다음 생에 더 나은 삶을 살 수 있다"는 말처럼, 선업은 우리에게 더 나은 삶을 선사합니다.

　반면, 불선업(不善業)은 부정적이고 해로운 행위로 타인에게 고통을 주고, 사회에 해를 끼치는 행동을 뜻합니다. 예를 들어 거짓말을 하거나, 남을 속이거나, 분노나 질투에 휩싸여 타인을 해치는 행동들이 불선업에 해당됩니다. 불선업을 쌓으면 결국 자신에게도 고통과 불행이 돌아옵니다.

　옛날 한 마을에 두 명의 상인이 있었습니다. 이 상인들은 모두 비슷한 시기에 가게를 열었고, 같은 종류의 물건을 팔았습니다. 그러나 그들의 삶의 방식과 운명은 완전히 달라졌습니다.

　첫 번째 상인은 매우 정직하고 성실한 사람이었습니다. 그는 손님을 진심으로 대하며 필요한 물건을 적절한 가격에 팔았습니다. "손님이 곧 나의 가족이다"라는 마음으로, 그는 늘 손님의 이익을 먼저 생각했습니다. 그 결과 그의 가게는 항상 손님들로 붐볐습니다. 이 상인은 물건을 팔 때 진실만을 말했고, 가장 좋은 품질의 상품을 제공하려 노력했습니다. 또한, 그가 번 돈의 일부를 어려운 이웃에게 나누어주며 자비를 실천했습니다. 그는 진정한 선업을 쌓는 삶을 살았던 것입니다.

　두 번째 상인은 겉으로는 성실한 듯 보였지만, 그의 속내는 탐욕으로 가득했습니다. 그는 손님을 속여 이익을 더 많이 챙기려고 했습니다. 가격을 부풀리거나 오래된 물건을 새것처럼 속여 파는 일이 잦았죠. 처음에는 이런 속임수로 인해 잠시 이익을 보았지만, 시간이 지날수록 손님들은 그의 속임수를 알아차리기 시작했습니다. 결국, 그는 신뢰를 잃고 손님들도 점차 그의 가게를 찾지 않게 되었습니다. 이 상인이 쌓은 불선업은 그 자신에게 고통과 불행을 안겨주었습니다.

시간이 지나 두 상인의 운명은 극명하게 갈렸습니다. 첫 번째 상인은 마을 사람들에게 존경받으며 부유한 삶을 살았고, 그의 선행은 여러 사람들에게 귀감이 되었습니다. 반면, 두 번째 상인은 마을에서 쫓겨나 고독하고 비참한 말년을 보냈습니다.

이 이야기는 선업과 불선업의 결과가 우리의 삶에 어떻게 나타나는지를 잘 보여줍니다. 정직과 자비로 쌓은 선업은 개인과 사회 모두에게 긍정적인 결과를 가져다주지만, 탐욕과 거짓으로 쌓은 불선업은 결국 자신을 파멸로 이끕니다.

불교에서 가르치는 업의 결과는 즉각적으로 나타나지 않을 수도 있습니다. "인과법(因果法)"에 따르면, 우리가 쌓은 선업과 불선업의 결과는 때로는 현생에서 바로 나타나기도 하고, 때로는 다음 생에 이어져 영향을 미칩니다. 업보(業報)라는 말이 바로 이 과정을 설명하는 개념입니다. 업보는 과거에 쌓은 업이 현재의 삶에서 어떻게 드러나는지, 그리고 그것이 어떻게 우리의 삶을 이끌어 가는지를 말합니다.

종종 우리는 선한 행위를 지속해도 즉각적인 보상을 받지 못하거나, 악한 행위를 했음에도 큰 처벌을 받지 않는 상황을 겪습니다. 하지만 불교에서는 이러한 단기적인 결과에만 집중하지 말고, 더 긴 시간 동안 업이 작용한다는 점을 기억하라고 가르칩니다. "길고 깊은 시간의 흐름에서 업이 작용한다."는 교훈을 명심하고, 우리는 선업을 쌓기 위해 끊임없이 노력해야 합니다.

오늘날에도 업의 개념은 여전히 중요한 가르침을 줍니다. 현대 사회에서 우리는 매일 수많은 선택의 순간에 직면하며, 그 선택이 바로 업을 쌓는 과정이 됩니다. 예를 들어, 직장에서 동료들과 협력할 때 우리는 이타적으로 행동할 것인지, 아니면 이기적으로 행동할 것인지를 결정해야 합니다. 타인의 이익을 생각하고 배려하는 것이 선업을 쌓는 일이며, 반대로 남을 해치거나 배제하는 행위는 불선업에 해당합니다.

또한, 오늘날 인터넷과 SNS 등으로 인해 개인의 행동이 사회에 미치는 영향이 더 널리 퍼지게 되었습니다. 작은 선행이 많은 사람에게 전파될 수 있고, 부정적인 행동 역시 빠르게 확산될 수 있는 시대입니다. 이처럼 모든 것이 연결된 현대 사회에서 우리는 더욱 신중하게 자신의 행동을 돌아보며 선업을 쌓아야 합니다. 작은 선행이 큰 긍정적인 변화를 가져올 수 있는 것처럼, 작은 악행도 큰 문제로 발전할 수 있습니다.

불교에서는 "업(業)은 선택의 결과다"라고 말합니다. 우리는 매일 수많은 선택을 합니다. 이 선택들이 바로 업을 형성하는 과정이며, 우리가 쌓는 선업과 불선업이 결국 우리의 운명을 만들어갑니다.

따라서 우리는 올바른 마음가짐과 자비로운 마음을 바탕으로 매 순간 선업을 쌓아야 합니다. 이러한 삶의 태도가 결국 우리에게도, 세상에도 평화와 행복을 가져다 줄 것입니다.

# 업의 무게와 작용

업(業)은 행위로부터 비롯된 결과이며, 이는 결국 과보로 나타나게 됩니다. 불교에서는 사람이 지은 업에 따라 과보를 받는 순서가 달라진다고 설명하며, 이 순서는 업의 무게와 성질, 그리고 작용하는 방식에 따라 결정됩니다. 다음은 그 순서를 설명한 내용입니다.

먼저, '무거운 업'은 가장 강력한 과보를 불러오는 업입니다. 이 업은 중대한 행위나 강력한 의도를 지니고 지은 것으로, 대표적으로 살생, 도둑질, 큰 악업 등이 여기에 포함됩니다. 무거운 업은 가벼운 업보다 우선적으로 과보가 나타나며, 특히 악업으로 인해 다음 생에서 고통스러운 결과를 초래할 가능성이 큽니다. 이러한 업은 대개 다음 생에 큰 영향을 미치기 때문에, 선업이 많더라도 무거운 악업이 이를 덮어 과보를 받게 합니다.

데바닷타는 초기에는 부처님을 존경하는 승려였으나, 시간이 지남에 따라 탐욕과 질투에 휩싸이게 됩니다. 그는 부처님을 넘어서고자 하는 마음이 커져, 부처님의 자리를 대신하려는 욕망을 품었습니다. 이를 위해 그는 부처님을 해치려는 다양한 시도를 하였습니다. 이 중 가장 악명 높은 일은 부처님을 암살하려 한 시도입니다.

데바닷타는 부처님이 계신 곳에 큰 바위를 굴려 그분을 해치려 했습니다. 다행히도 그 바위는 부처님께 미치지 않았으나, 이 악한 시도는 그에게 무거운 업을 쌓게 했습니다. 또한 그는 승가를 분열시키기 위해 여러 제자들을 설득하여 분열을 꾀하는 등 불법을 거스르는 중대한 죄를 범하였습니다.

데바닷타는 그가 지은 무거운 업의 과보로 인해 엄청난 고통을 겪게 되었습니다. 그는 스스로도 큰 후회를 했으나, 이미 쌓인 업의 무게로 인해 깊은 고통 속에서 생을 마감하게 되었습니다. 그 후 데바닷타는 아비지옥이라는 가장 고통스러운 지옥으로 떨어졌다고 전해지며, 이는 불교에서 가장 큰 죄업에 대해 받는 과보로 간주됩니다. 아비지옥은 무간지옥(無間地獄)으로도 불리며, 극심한 고통이 끊임없이 이어지는 곳으로 여겨집니다.

데바닷타의 이야기는 악업의 무게가 크면, 그에 상응하는 과보가 피할 수 없음을 보여줍니다. 부처님께서도 여러 번 그에게 자비를 베풀고 깨달음의 길을 열어주려고 했지만, 데바닷타는 스스로의 탐욕과 질투에 사로잡혀 돌이킬 수 없는 선택을 했습니다. 그의 이야기는 불교에서 무거운 악업이 결국 파멸로 이어질 수 있음을 경고하며, 자신의 행동과 마음을 잘 다스려야 함을 강조합니다.

다음으로 '습관적으로 지은 업'은 과보를 가져오게 됩니다. 습관적인 업은 오랜 기간 반복된 행위로, 일상적인 행동이나 사고방식으로부터 비롯된 업을 의미합니다. 예를 들어, 매일 무의식적으로 타인을 비방하거나 자주 베푸는 선행 등이 이에 해당합니다. 습관적으로 쌓인 업은 무거운 업 다음으로 강력한 과보를 불러일으키며, 이는 우리의 일상적 행동이 끊임없이 미래의 삶에 영향을 미치기 때문입니다.

왕사성에는 한 노파가 살고 있었습니다. 이 노파는 평소 남의 재산이나 물건을 훔치거나 사소한 것을 부정하는 일들을 자주 저질렀습니다. 그녀는 이를 심각하게 여기지 않고, "작은 행동이 무슨 큰 영향을 주겠나" 라는 마음으로 반복해서 부정적인 행동을 했습니다. 그러나 이러한 작은 행동들이 모여 결국 그녀의 마음속에 깊은 탐욕과 집착을 남기게 되었습니다.

노파는 나중에 병에 걸려 죽음을 앞두고 있었는데, 그 순간에도 과거 습관적으로 저지른 나쁜 행위들이 떠오르며 고통을 느꼈습니다. 임종 직전까지도 탐욕과 집착이 가득 차 있었기 때문에, 그녀는 고통 속에서 죽음을 맞이하였고, 사후에 지옥으로 떨어졌다고 전해집니다.

'이미 지은 업'은 오랜 시간 동안 지녀온 잔류 업으로, 지은 지 오래된 업을 뜻합니다. 한 번의 강렬한 행동이 아니더라도, 시간에 따라 서서히 쌓인 업이 많을 때 이들이 모여 작용하며 과보를 일으킬 수 있습니다. 예를 들어, 어릴 때부터 반복해온 선행이 나이가 들어 과보로 나타나거나, 반대로 오랫동안 쌓인 부정적 행동이 나중에 고통으로 돌아오는 경우가 이에 해당합니다.

아사타이는 고대 인도의 가난한 장인이었으며, 매우 불행한 삶을 살고 있었습니다. 그는 어린 시절 부모를 잃었고, 청년 시절에도 여러 가지 역경을 겪어야 했습니다. 그의 삶은 늘 결핍과 고통으로 가득 차 있었으며, 일상의 어려움 속에서 벗어나기 어려웠습니다. 한때 부처님께서 그와 대화를 나누며, 그의 삶이 이렇게 어려운 이유는 과거 생애에 지은 악업 때문이라고 설명하셨습니다.

부처님의 말씀에 따르면, 아사타이는 과거 생에 남에게 인색하게 행동하며, 필요한 도움을 주지 않았고, 오히려 남의 것을 빼앗거나 자비를 베풀지 않는 업을 쌓았습니다. 이처럼 오랜 세월 동안 미리 지어진 악업이 현재 삶에 영향을 미친 것입니다. 하지만 부처님은 그에게 "과거의 업을 바꿀 수는 없지만, 지금부터라도 선업을 쌓고 덕을 쌓으면 미래는 바뀔 수 있다"고 조언하셨습니다. 아사타이는 이 가르침을 받아들여 이후로는 자비와 베풂의 마음으로 생활하려 노력했으며, 현재의 업을 통해 미래의 삶을 개선하려 했습니다.

마지막으로 임종에 다다라 지은 업이 과보로 나타납니다. 이는 임종 직전의 마음 상태와 행동에 따른 업을 말하며, 그 순간의 마음가짐이나 행위가 강렬하여 즉각적인 과보를 일으키기도 합니다. 죽음에 임박해 지은 업은 그 생에서의 마지막 영향으로 작용하여, 다음 생에 영향을 미치는 중요한 요인이 됩니다. 예를 들어, 임종 순간에 자비롭고 평온한 마음을 가졌다면 이는 다음 생의 좋은 과보로 이어질 가능성이 높습니다.

아쇼카 왕은 인도의 위대한 왕 중 한 명으로, 불교에 귀의한 후 많은 선행을 베풀었습니다. 그러나 말년에 병에 걸려 죽음이 점차 다가오자, 그는 자신의 과거 행적과 업보에 대해 깊이 고민하게 되었습니다. 재위 초기에 그는 대규모 정복 전쟁을 벌여 수많은 사람들의 목숨을 앗아갔고, 이로 인해 깊은 후회가 남아 있었습니다.

죽음이 가까워질수록 아쇼카 왕은 과거의 잔혹한 행위에 대해 진심으로 참회하며, 부처님의 가르침을 떠올리며 수행과 자비의 마음을 되새겼습니다. 그는 고요하고 자애로운 마음을 유지하기 위해 노력했고, 그 수행 덕분에 임종 순간에는 마음의 평온을 되찾을 수 있었습니다. 이렇게 선업으로 작용한 그의 마지막 마음가짐 덕분에 아쇼카 왕은 고요하게 죽음을 맞이했다고 전해집니다.

이 이야기는 임종 시의 마음가짐이 중요한 이유를 설명해줍니다. 아쇼카 왕은 생전에 쌓은 악업과 선업이 혼재했지만, 죽음에 임박해서 그가 가진 자비심과 평온한 마음이 그에게 긍정적인 과보로 작용한 예시입니다. 불교에서 임종 시의 마음가짐이 중요한 이유는 바로 이처럼 마지막 순간의 업이 다음 생에 큰 영향을 미치기 때문입니다.

이와 같이, 사람은 자신의 행위에 따라 다양한 업을 쌓고, 그에 맞는 과보를 받게 됩니다. 무거운 업, 습관적인 업, 이미 지은 업, 임종에 지은 업의 순서로 과보가 나타나며, 각 업의 무게와 성질에 따라 우리의 미래가 결정됩니다. 이러한 원리는 불교의 업보와 인과응보에 대한 깊은 통찰을 보여주며, 자신의 행동과 마음가짐을 어떻게 다스려야 할지에 대한 지침을 줍니다.

# 인과응보

인과응보(因果應報)는 불교에서 중요한 가르침으로, 우리의 행동이 원인이 되어 반드시 그에 상응하는 결과가 뒤따른다는 원리를 의미합니다. 간단히 말해, "심은 대로 거둔다는"이치와 같으며, 선한 행동은 좋은 결과를, 악한 행동은 나쁜 결과를 불러온다는 법칙입니다.

인과응보는 단순히 행위에 따른 결과를 말하는 것이 아닙니다. 행동의 성격에 따라 그 결과가 반드시 일치하게 나타난다는 점에서 특별한 의미가 있습니다. 불교에서는 이러한 결과를 '업(業)'이라고 부릅니다. 업은 삶 속에서 우리의 모든 경험으로 드러나며, 선한 업(善業)은 긍정적인 결과를, 악한 업(惡業)은 고통스러운 결과를 가져옵니다.

예를 들어, 타인을 돕는 마음에서 베푼 행위는 결국 자신에게도 평안과 행복을 안겨주지만, 다른 사람을 해하려는 행동은 나중에 반드시 스스로 고통을 느끼는 상황을 초래하게 됩니다. 이러한 인과응보의 원리는 현재 삶뿐만 아니라 내생에까지 영향을 미치는 연속적인 법칙이기도 합니다.

업은 단순히 겉으로 드러나는 행동이 아니라 그 행동을 일으키는 내적 의도에 중점을 둡니다. 자비롭고 이타적인 마음에서 비롯된 행위는 좋은 결과로 돌아오지만, 탐욕과 분노, 무지에서 비롯된 행동은 고통을 불러옵니다.

이렇듯, 인과응보는 우리가 어떤 마음을 품고 살아가느냐에 따라 달라지며, 그 마음의 작용이 곧 인생의 결과로 나타난다는 점에서 중요한 교훈을 줍니다. 우리의 마음과 의도가 행동에 스며들고, 그로 인해 삶이 결정된다는 것을 기억하는 것이 필요합니다.

인과응보의 원리는 우리에게 언제나 선택의 순간이 있음을 일깨워줍니다. 우리는 지금 이 순간 어떤 행동을 할 것인지, 어떤 마음을 가질 것인지 선택할 수 있으며, 이 선택이 곧 우리의 미래를 만들어갑니다. 선업을 쌓고 악업을 멀리함으로써 우리는 더 평화롭고 행복한 삶으로 나아갈 수 있습니다. 부처님께서도 "악한 행동은 멀리하고 선한 행위를 쌓으라. 이는 우리 스스로를 위하는 길이다"고 가르치셨습니다.

반대로 이기적이고 분노에 찬 행동은 결국 우리 스스로에게 해를 입힐 수 있습니다. 인과응보는 바로 우리가 지닌 선택의 힘을 통해 자신과 타인을 변화시킬 수 있다는 것을 상기시켜줍니다.

오늘날 인과응보는 종교적 교리를 넘어, 윤리적 행동의 중요성을 강조하는 원리로 작용합니다. 우리가 매일 선택하는 행동이 스스로와 주변 사람들에게 큰 영향을 미친다는 점을 기억하는 것이지요. 작은 선행이 큰 변화를 일으킬 수 있으며, 작은 악행도 큰 고통을 초래할 수 있습니다.

특히, 타인을 위해 선을 행하는 것이 결국 자신에게도 긍정적인 결과로 돌아온다는 것을 기억해야 합니다. 인과응보는 단지 다음 생에 있을 결과만이 아닌, 지금 이 순간과 미래의 나를 위한 교훈입니다.

불교에서는 인과응보를 이해하는 것이 깨달음에 이르는 중요한 길이라고 봅니다. 우리는 선업을 쌓고 악업을 멀리함으로써 윤회의 고통에서 벗어나 해탈에 이를 수 있습니다. 인과응보를 이해하고 실천할때, 매 순간 깨어있는 의식으로 자비와 사랑을 실천하며, 궁극적으로 자신과 타인에게 진정한 행복을 가져다 줄 수 있습니다.

우리의 모든 행동과 의도가 스스로의 삶과 세상에 영향을 미친다는 깊은 가르침을 줍니다. 우리가 선택하는 순간순간이 삶의 결과로 돌아오며, 이 선택의 힘이 우리 삶을 이끌어갑니다. 자비로운 마음과 선업을 쌓는 삶을 통해 자신과 타인에게 평안을 안겨주는 하루하루가 되시기를 바랍니다.

옛날, 앙굴리말라 라는 이름을 가진 젊은이가 있었습니다. 그는 똑똑하고 능력 있는 사람이었지만, 주변 환경과 잘못된 인도에 휘둘려 악업을 쌓으며 살고 있었습니다. 어느 날 그는 사악한 도적이 되어 살인을 저지르게 되었고, 더 많은 살인을 해야만 힘을 얻는다는 잘못된 믿음에 빠졌습니다. 그는 각 피해자의 손가락을 잘라 목걸이처럼 걸고 다니며, 세상을 두려움 속에 빠뜨렸습니다. 이로 인해 그의 이름 앙굴리말라는 '손가락 목걸이'를 뜻하게 되었습니다.

앙굴리말라는 악업을 쌓으며 폭력적으로 살아갔지만, 그의 내면 깊숙한 곳에는 여전히 고통과 불안이 가득했습니다. 그러던 중, 부처님께서 그가 있는 마을로 오신다는 소식을 듣게 되었습니다. 앙굴리말라는 부처님을 무력으로 제압하겠다는 의도에서 그분을 추적했지만, 이상하게도 아무리 달려도 부처님께 닿을 수 없었습니다.

지쳐서 주저앉은 앙굴리말라가 부처님께 소리쳤습니다. "당신은 왜 멈추지 않습니까?" 그러자 부처님께서는 조용히 대답하셨습니다. "나는 이미 멈추었으나, 그대는 멈추지 않았다." 이 말을 듣고 앙굴리말라는 그 의미를 깨닫기 시작했습니다. 부처님은 앙굴리말라에게 자신이 이미 마음속의 탐욕과 분노, 무지로부터 벗어났기 때문에 진정으로 멈춘 상태임을 설명하셨습니다. 반면, 앙굴리말라는 여전히 그 악한 마음과 행위에서 벗어나지 못해 스스로를 고통 속에 가두고 있는 상태임을 알게 되었습니다.

부처님의 자비와 가르침을 통해 앙굴리말라는 자신의 악업을 깊이 반성하였고, 무지와 폭력에서 벗어나 참회와 깨달음의 길로 나아가기로 결심했습니다. 그는 부처님의 제자가 되어 바른 마음과 선업을 쌓으며 살아가게 되었고, 이후 마을 사람들의 공포가 아닌 존경과 신뢰를 받는 존재로 변화하게 되었습니다.

앙굴리말라의 이야기는 악업조차도 깨달음을 통해 정화될 수 있음을 보여줍니다. 불교에서는 모든 사람에게 자비와 구원의 가능성이 열려 있으며, 현재의 마음가짐과 선택을 통해 업에서 벗어날 수 있음을 가르칩니다.

부처님께서는 모든 존재가 악업으로 인해 영원히 고통 받아야 하는 것이 아니라, 그 고통의 본질을 깨닫고 악업에서 벗어나도록 자비롭게 이끄셨습니다. 앙굴리말라가 부처님의 가르침을 통해 악업을 버리고 새로운 삶을 선택한 것처럼, 이 이야기는 우리에게도 언제든 깨달음을 통해 새로운 삶의 길을 선택할 수 있다는 희망을 줍니다.

# 불교적 삶의 통찰

　불교에서는 삶을 이해하고 바라보는 관점을 통해 내면의 평화와 깨달음을 추구합니다. 불교적 삶의 통찰은 세상의 고통과 무상함을 인식하고, 집착과 탐욕에서 벗어나려는 마음을 키우는 데 중점을 둡니다. 다음은 불교적 관점에서 바라본 삶의 주요 통찰들입니다.

　불교에서 가장 기본적인 가르침 중 하나는 "삶은 고통"이라는 진리입니다. 이는 우리 삶이 고통으로 가득 차 있다는 비관적인 견해가 아니라, 삶의 본질을 이해하라는 교훈입니다. 사람은 누구나 삶 속에서 고통을 피할 수 없고, 고통을 경험하게 됩니다. 이 고통은 건강 문제, 인간관계의 갈등, 사랑하는 사람의 상실 등 다양한 형태로 나타납니다.

　고통을 피하거나 거부하려고만 하면, 우리는 고통에서 벗어나지 못하고 오히려 고통을 더 크게 느끼게 됩니다. 불교에서는 고통을 있는 그대로 바라보고, 그 원인을 이해하며, 그것을 수용할 때 비로소 고통에서 자유로워질 수 있다고 가르칩니다. 고통의 원인을 바라보고 이를 수용하는 태도를 통해 우리는 더 이상 고통에 휘둘리지 않고, 그것을 지혜와 자비로 전환할 수 있습니다.

불교적 삶의 통찰에서 중요한 가르침 중 하나는 무상(無常)입니다. 세상의 모든 것은 끊임없이 변하며 영원히 지속되는 것은 없다는 것입니다. 우리의 감정, 관계, 물질적인 소유 등 모든 것이 언젠가는 변하게 마련입니다. 무상의 개념을 이해하면, 우리는 현재의 모습이나 소유에 대해 집착하지 않고 더 유연하게 받아들일 수 있습니다.

사람들은 삶에서 찾아오는 어려움이나 슬픔을 조금 더 쉽게 받아들이고 내려놓을 수 있습니다. 이는 삶의 무상함을 깊이 깨닫고, 그 변화 속에서 현재의 순간을 소중히 여길 수 있는 지혜를 키우게 합니다.

불교에서의 집착은 우리의 마음을 가두고, 고통을 만들어내는 원인으로 간주됩니다. 사람들은 돈, 명예, 사랑 등에 집착하며, 그것이 자신에게 영원한 행복을 가져다줄 것이라고 믿습니다. 그러나 모든 것은 무상하므로, 이러한 집착은 결국 고통을 낳게 됩니다. 불교에서는 집착에서 벗어나는 것이 해탈과 자유를 얻는 길이라고 가르칩니다.

집착을 내려놓기 위해 필요한 것은 마음을 고요히 관찰하고 알아차림을 통해 자신을 돌아보는 훈련입니다. 지금 이 순간에 대한 감사와 만족을 느끼며, 외부의 조건에 기대지 않고 내면의 평화를 찾는 연습을 통해 우리는 점차 집착에서 벗어나게 됩니다.

불교에서는 자비와 사랑이 삶을 살아가는 중요한 가치로 여겨집니다. 자비는 단지 자신이 아닌 다른 이들의 고통에 대해 공감하고 그 고통을 덜어주려는 마음을 말합니다. 자비를 실천하면 우리의 마음은 넓어지고, 삶에 대한 관점도 긍정적으로 바뀌며, 그로 인해 고통이 줄어들고 내면의 평화가 찾아오게 됩니다.

불교적 자비는 단지 자신과 가까운 사람들뿐만 아니라, 모든 생명체에게 확장됩니다. 자비의 마음은 자신이 고통을 겪었을 때뿐만 아니라 다른 이들이 고통을 겪고 있을 때 그들을 돕고자 하는 마음입니다. 자비는 삶의 고통을 이해하고 그것을 수용하는 능력을 키워주며, 자신과 타인에게 따뜻한 마음을 베풀게 해줍니다.

불교에서는 지금 이 순간에 집중하는 마음 챙김이 매우 중요합니다. 우리는 흔히 과거의 일에 집착하거나 미래에 대한 불안에 사로잡혀 현재의 순간을 놓치게 됩니다. 마음 챙김은 과거와 미래에서 벗어나 현재에 집중하며, 지금 이 순간에 온전히 존재하는 연습입니다.

마음 챙김은 단순히 감정을 억제하거나 억누르는 것이 아니라, 자신의 감정을 그대로 바라보며 그에 반응하지 않고 수용하는 것입니다. 이는 우리의 일상생활에서 깊은 평화와 안정을 경험하게 해주며, 감정과 생각에 끌려가지 않고 고요한 마음을 유지할 수 있는 힘을 줍니다.

불교적 삶의 통찰은 우리에게 삶의 본질과 진정한 행복이 무엇인지에 대해 생각하게 합니다. 고통과 무상함을 인정하고 받아들이며,

집착에서 벗어나 자비와 연민을 실천하는 삶을 통해 우리는 진정한 평화와 자유를 경험할 수 있습니다.

어느 날 스님이 숲에서 명상하고 있을 때, 한 제자가 나무를 가리키며 물었습니다. "스님, 나무는 왜 이렇게 크게 자라나요? 다른 식물들과 달리, 왜 이렇게 거대한 몸집을 가졌나요?"

스님은 미소를 지으며 말했습니다. "나무는 햇빛과 비를 받아 자라지만, 그 몸집은 자신을 위해 키운 것이 아니란다. 나무는 자라면서 그늘을 만들어 주고, 열매를 맺어 동물과 사람들에게 먹을 것을 나누어 주지. 나무는 끊임없이 자라지만, 그 성장은 자신의 이익이 아닌 다른 생명들을 위해 이루어진단다. 나무는 무상(無常)의 세상 속에서도 자비를 베풀며 존재하는 것이다."

이 이야기는 우리가 삶에서 무엇을 위해 성장하고, 어떻게 존재해야 하는지를 돌아보게 합니다. 무상의 세상에서 자라면서도 자비와 이타심을 실천하는 나무의 존재는, 우리에게 타인을 배려하고 나누는 삶의 가치를 일깨워줍니다.

한 젊은 학자가 부처님을 찾아왔습니다. 학문을 많이 쌓아 자만심에 차 있던 그는 부처님께 자신이 알고 있는 것을 자랑하기 위해 찾아왔습니다. 부처님은 학자를 조용히 바라보시더니 차를 따르기 시작했습니다. 찻잔이 가득 찼는데도 멈추지 않고 계속 따르자 차가 넘쳐흐르기 시작했습니다. 학자가 당황해 말했습니다.

"차가 넘치고 있습니다. 멈추지 않으면 잔에 담을 수 없습니다."

부처님은 미소를 지으며 말씀하셨습니다. "자네의 마음도 이 잔과 같구나. 이미 가득 차 있는 마음에는 새로운 것을 담을 수 없네. 지혜를 얻기 위해서는 먼저 마음을 비워야 하느니라."

이 이야기는 고정된 자아와 편견을 내려놓고 열린 마음으로 삶을 바라보라는 가르침을 줍니다. 고정된 자아에 집착할 때 우리는 새로운 지혜를 받아들일 수 없으며, 자신의 한계를 인정하고 받아들일 때 성장할 수 있다는 통찰을 줍니다.

# 혼자임과 삶의 본질

불교는 삶의 근본적인 본질로 혼자임을 강조합니다. 태어나고 늙고 병들고 죽는 과정을 비롯하여, 삶의 모든 순간에서 우리는 본질적으로 혼자입니다. 부모, 가족, 친구와의 인연조차도 잠시 스치는 바람과 같으며, 결국 우리는 자신의 길을 홀로 걸을 수밖에 없습니다. 혼자임을 받아들이는 것이야말로 삶의 고통을 초월하고 진정한 행복에 이르는 첫걸음입니다.

삶은 혼자의 여정입니다. 부처님께서는 업(業)의 주체도 수용자도 모두 자기 자신임을 가르치셨습니다. 타인이 우리의 업을 대신 짓거나 감당할 수 없으며, 우리는 자신이 지은 업의 결과를 오롯이 혼자 받아야 합니다. 이는 우리가 혼자임을 깨닫고 받아들이는 것이 수행의 시작임을 의미합니다. 인연으로 맺어진 관계는 잠시 머물 뿐입니다. 사랑과 우정, 가족의 유대조차도 모두 무상(無常)하며, 집착은 결국 괴로움을 낳습니다. 부처님께서는 "무소의 뿔처럼 혼자 가라"고 말씀하시며, 혼자임을 회피하지 말고 독립적인 삶을 영위하라고 가르치셨습니다.

혼자 있는 시간은 자기 자신과 마주하는 기회입니다. 비움의 지혜를 통해 우리는 집착과 욕망에서 벗어나 내면의 평온을 찾을 수 있습니다. 부처님께서는 "과거를 붙들지도, 미래를 걱정하지도 말며 현재의 순간을 살아가라"고 하셨습니다. 이는 혼자 있음의 고요함 속에서 가능한 지혜입니다. 고독은 나약함이 아니라 강인함의 표시입니다. 자기 자신을 완전히 이해하고 의지할 줄 아는 사람만이 진정으로 자유로울 수 있습니다. 외부의 칭찬이나 비난에 흔들리지 않고 자신의 길을 가는 것은 혼자임에서 오는 내적 힘 덕분입니다.

세속의 관점에서는 많이 소유할수록 부유하다고 여깁니다. 그러나 불교는 비움에서 참된 부유함과 행복이 온다고 가르칩니다. 욕망, 집착, 권력에 대한 갈망을 비울 때 비로소 진정한 내적 평화를 얻을 수 있습니다. 이는 채움으로는 결코 얻을 수 없는 경지입니다. 사랑하는 대상이 많을수록 괴로움도 늘어납니다. 부처님께서는 "백 명을 사랑하면 백 가지 괴로움이 따른다"고 하셨습니다. 집착을 내려놓고, 사랑과 미움에 예속되지 않는 삶을 사는 것이야말로 고통에서 벗어나는 길입니다.

수행자의 길은 본질적으로 혼자 가는 길입니다. 홀로 앉아 참선하고, 홀로 걷고, 홀로 참된 자아를 발견하는 과정에서 우리는 스스로의 존재를 명확히 인식하게 됩니다. 홀로 있음은 고립이 아니라 깨달음을 향한 필수적인 과정입니다. 고독은 우리의 내면을 풍요롭게 합니다. 혼자 있음 속에서 우리는 세속적인 영향으로부터 자유로워지며, 자기 자신을 진정으로 발견할 수 있습니다. 이 충만한 고독은 우리가 수행을 통해 얻을 수 있는 최고의 행복입니다.

칭찬과 비난에 흔들리지 않는 사람만이 진정으로 자유롭습니다. 부처님께서는 "단단한 돌은 아무리 바람이 불어도 흔들리지 않는다"고 하셨습니다. 외부의 평가와 비교에 휘둘리지 않고 자신의 길을 걷는 사람이야말로 올바른 삶을 사는 사람입니다. 불교는 자기 자신에게 의지하는 삶을 강조합니다. 자기 자신을 신뢰하지 못하면 타인에게 휘둘릴 수밖에 없으며, 이는 곧 내면의 고통으로 이어집니다. 자기 자신 속에서 진리를 발견하고, 외부의 조건에 얽매이지 않는 삶을 사는 것이 불교가 말하는 진정한 자유입니다.

혼자임을 받아들이는 것은 고통의 시작이 아니라 행복으로 가는 길입니다. 고독 속에서 우리는 자신을 이해하고, 비움의 지혜를 통해 내적 평화를 얻으며, 흔들리지 않는 마음으로 세상과 마주할 수 있습니다. 부처님께서 가르치신 "무소의 뿔처럼 혼자 가라"는 말씀은 단순한 고립이 아니라, 스스로를 완성하고 자유로운 삶을 사는 길을 가리키는 가르침입니다.

혼자임을 수용하고 그 속에서 스스로를 발견하며, 나아가 깨달음의 길로 나아가는 것이 불교의 지혜가 제시하는 삶의 방식입니다.


옛날 한 마을에 마야라는 이름의 젊은 수행자가 있었습니다. 마야는 어려서 부모를 잃고 홀로 살아왔습니다. 그는 자신이 세상에서 버려졌다고 느꼈고, 사람들의 동정을 받으며 살아가는 것이 너무나 괴로웠습니다. 언젠가 그는 마을 장로에게 물었습니다.

"왜 나는 이렇게 혼자입니까? 왜 다른 사람들처럼 따뜻한 가정을 가지지 못했을까요?"

장로는 잠시 생각하다가 미소를 지으며 대답했습니다.

"마야야, 너는 무소(코뿔소)의 뿔을 본 적이 있느냐?"

마야는 고개를 끄덕였습니다.

"네, 강에서 물을 마시던 코뿔소를 본 적이 있습니다. 하지만 그것이 제가 혼자인 것과 무슨 상관이 있는지 모르겠습니다."

장로는 부드럽게 말했습니다.

"무소는 단단한 뿔을 가지고 홀로 걸어가며 두려움을 모른다. 그것이 너의 모습이 될 수 있다네. 혼자라는 것이 네가 약하다는 뜻은 아니야. 그것은 오히려 네가 더 강인할 수 있다는 뜻이지. 세상과 사람들에게 기대지 않고 자신의 길을 걷는 법을 배운다면 너는 진정으로 자유로워질 수 있단다."


마야는 장로의 말을 곱씹으며 깊은 산속으로 들어가 수행하기로 결심했습니다. 그곳에서 그는 홀로 명상하고 자신의 내면과 마주하기 시작했습니다. 처음에는 고독이 그를 괴롭혔습니다. 옛날의 상처와 사람들이 그를 떠난 기억이 떠올라 눈물짓는 날도 많았습니다. 그러나 시간이 지나며 그는 조금씩 깨닫기 시작했습니다.

"나는 나 자신을 이해하지 못했기에 외로웠다. 다른 사람들의 위로를 기대하기보다는 내 안의 힘을 찾아야 한다."

어느 날 마야는 산길을 걷다 한 무리의 코뿔소를 보았습니다. 그들 중 한 마리가 나머지 무리와 멀리 떨어져 홀로 강가를 따라 걷고 있었습니다. 그 코뿔소는 강인하고 고요한 모습으로, 주변의 위험에도 흔들리지 않았습니다. 마야는 문득 깨달음을 얻었습니다.

"저 코뿔소처럼 나도 나 자신에게 의지하며 살아가야 한다. 무리는 언젠가 흩어지고 관계는 언젠가 끝나지만, 나의 길은 나만이 걸을 수 있는 것이다." 그날 이후 마야는 더 이상 자신의 고독을 두려워하지 않았습니다.

마야의 이야기는 마을 사람들에게 큰 감동을 주었고, 그는 더 이상 불쌍한 고아가 아닌 지혜로운 스승으로 존경받게 되었습니다. 그의 가르침은 사람들로 하여금 자신의 고독을 받아들이고 스스로의 내면을 탐구하도록 이끌었습니다.

우리의 마음은 어떻게 생겼는가? 허공과 같이 생겼구나. 본래 깨끗하고 티 없이 맑은 마음자리에 사랑과 미움, 원망과 복수, 소유의 구름이 허공에 가득 차니 태양이 가려지고 말았구나. 무명이란 구름이 가린 상태에서 아무리 주인공을 찾으려 해봐도 헛고생일 뿐인데, 어찌할꼬. 이 무명이라는 것은 단지 견해 차이일 뿐이라는 것을 알지 못하고, 구름만 벗기려고 하니 얼마나 어리석은가.

이 세상을 거꾸로 바라보라. 얼마나 아름다운 극락인가. 왜 분별심으로 사물을 바라보아 항상 지옥 속에 사는 인생을 만들고 있는가?

살아 있다는 것은 나의 향기를 아름답게 품어내는 것이다. 이 향기
가 다른 사람에게 기쁘고 즐거운 향기가 되어야 한다. 만약 나의 향기
가 아주 불쾌한 향기가 된다면, 삶의 가치를 상실한 사람이라고 할 수
있다. 나의 행동, 언어, 태도, 자세가 바로 그 향기인 것이다. 이 향기
가 상대에게 좋은 느낌을 주고, 좋은 기억에 남으며, 좋은 인상을 심어
주는 것이 인생사의 보람이다.

육도윤회

• 삶의 본질을 아는 깨달음
• 사성제와 고통의 원인
• 갈애의 뿌리
• 지혜와 자비의 조화
• 극단을 피하는 길
• 괴로움의 소멸
• 집착과 포기의 균형
• 자아와 타인의 경계
• 쾌락과 금욕의 벗어남
• 삶의 완전한 해탈
• 도(道)와 과(果)

# 2장

## 깨달음의 여정

# 삶의 본질을 아는 깨달음

　인간은 태어나면서부터 끊임없이 삶의 의미를 탐구합니다. 우리는 왜 태어났고, 어디로 가는지, 그리고 살아가는 이유는 무엇인지에 대해 질문합니다. 이 질문들은 철학적이고 영적인 차원을 넘어 우리의 일상에까지 스며들어, 삶의 방향을 설정하고 우리의 존재를 정의하는 중심축이 됩니다. 그렇다면 삶의 본질을 아는 깨달음이란 무엇이며, 그 깨달음은 우리에게 어떤 의미를 가질까요?

　삶의 본질을 이해하려면 먼저 '본질'이 무엇을 뜻하는지 살펴봐야 합니다. 본질은 사물이나 존재의 가장 기본적이고 변치 않는 특성을 말합니다. 하지만 삶은 끊임없이 변하고, 예측할 수 없으며, 복잡합니다. 따라서 삶의 본질을 정의하는 것은 단순히 철학적 논의에 그치지 않고, 우리 자신이 어떻게 살아가는지에 대한 실질적인 통찰을 요구합니다. 불교에서는 삶의 본질을 "무상(無常)"으로 설명합니다. 모든 것은 변하고, 영원한 것은 없다는 깨달음입니다. 우리는 행복과 불행, 성공과 실패라는 이중적 관념 속에서 삶을 이해하려 하지만, 본질적으로 그것들은 모두 변하는 과정의 일부일 뿐입니다. 그렇기에 삶의 본질을 깨닫는다는 것은 변화를 받아들이고, 집착을 내려놓으며, 현재를 있는 그대로 보는 마음을 가지는 것을 의미합니다.

삶의 본질을 깨닫기 위한 여정은 단순히 이론적 지식을 쌓는 것만으로 이루어지지 않습니다. 이는 직접적인 경험과 내적 성찰을 통해 이루어집니다. 깨달음은 때로는 고통 속에서 찾아오고, 때로는 평온한 순간에 문득 다가오기도 합니다. 삶에서 가장 중요한 깨달음 중 하나는 '내가 통제할 수 있는 것과 통제할 수 없는 것을 구분하는 것'입니다. 인간은 많은 것을 통제하려고 하지만, 실제로 우리가 통제할 수 있는 것은 매우 제한적입니다. 우리의 반응, 우리의 태도, 그리고 우리 자신이 내리는 선택이야말로 진정 우리가 통제할 수 있는 것입니다. 깨달음은 이 사실을 인정하고, 통제할 수 없는 것들에 대해 집착하지 않는 데서 시작됩니다.

삶의 본질을 아는 깨달음은 우리에게 놀라운 선물을 줍니다. 첫째, 마음의 평화를 얻을 수 있습니다. 삶이 본질적으로 변하고 예측할 수 없는 것임을 깨달았을 때, 우리는 불확실성 속에서도 흔들리지 않는 마음을 가질 수 있습니다. 고통을 완전히 없앨 수는 없지만, 고통을 바라보는 우리의 관점이 바뀌게 됩니다. 둘째, 깨달음은 타인과의 관계를 변화시킵니다. 삶의 본질이 모두에게 동일하게 적용된다는 사실을 이해하면, 타인의 고통과 기쁨에 공감할 수 있게 됩니다. 우리는 더 이상 타인과 경쟁하거나 비교하지 않으며, 서로를 있는 그대로 받아들이고 존중하게 됩니다. 셋째, 깨달음은 우리를 자유롭게 합니다. 우리는 자신의 삶에 대해 더욱 주체적이 되며, 사회적 기대나 외부의 평가에 휘둘리지 않게 됩니다. 삶의 본질을 이해한 사람은 자신의 길을 스스로 선택하며, 그 선택에 대해 책임을 질 수 있습니다.

삶의 본질을 깨닫는 과정은 결코 끝이 없습니다. 이는 우리가 살아가는 한 계속되는 여정입니다. 매일의 경험 속에서 우리는 삶의 새로운 모습을 발견하고, 이를 통해 스스로 성장합니다. 깨달음은 단 한 번에 이루어지는 일이 아니며, 반복적이고 지속적인 성찰의 결과물입니다. 결국 삶의 본질을 아는 깨달음이란 삶의 모든 순간을 있는 그대로 받아들이는 것, 그리고 그 안에서 자신의 역할과 의미를 찾아가는 과정이라고 할 수 있습니다. 이 여정은 때로는 고통스럽고, 때로는 환희로 가득할 수 있지만, 그것이 바로 삶의 아름다움이자 본질일 것입니다. 삶의 본질을 이해하려는 우리의 노력은 단순히 철학적인 질문으로 그치는 것이 아니라, 궁극적으로 우리 자신을 더 깊이 이해하고, 더 나은 삶을 살아가기 위한 과정임을 기억해야 할 것입니다.

옛날, 어느 깊은 산속 작은 절에 선승(禪僧)과 그의 제자가 살고 있었습니다. 선승은 매일같이 제자에게 삶의 본질을 묻곤 했습니다. "삶이란 무엇이냐?"라는 스승의 질문에 제자는 늘 다른 대답을 내놓았습니다. "삶은 고통입니다." "삶은 변합니다." "삶은 비어 있습니다." 그러나 스승은 고개를 젓기만 할 뿐, 어떠한 대답도 인정하지 않았습니다.

어느 날, 스승은 제자에게 말했다. "저 산을 올라가 보아라. 정상에 무엇이 있는지 살펴보고 돌아오너라. 그러나 기억해라, 올라가는 길에서 마주치는 모든 것이 삶의 본질을 가르쳐 줄 것이다."

제자는 의아했지만 스승의 명에 따라 산을 오르기 시작했습니다. 처음에는 새들이 지저귀고 바람이 부는 평화로운 풍경이 그를 맞이했습니다. 그는 이렇게 생각했습니다. "삶은 평화로운 것이구나." 그러나 얼마 지나지 않아 험난한 바위길이 그를 가로막았습니다. 그는 길을 잃고 넘어지며 몸에 상처를 입었습니다. 제자는 이렇게 생각했습니다. "삶은 고통이구나."

다시 길을 찾아 오르다 보니, 이번에는 폭우가 내리기 시작했습니다. 흙길은 미끄러워지고 나뭇가지가 부러지며 제자를 위협했습니다. 그러나 폭우는 곧 멈추었고, 찬란한 햇빛이 하늘을 가득 채웠습니다. 제자는 이번에는 이렇게 생각했습니다. "삶은 변하는 것이구나."

산 정상에 도달한 제자는 스승이 말한 "삶의 본질"이 무엇인지 알 수 없었습니다. 정상에 도착해도 아무것도 바뀌지 않았고, 풍경은 그저 고요하기만 했습니다. 그는 머리를 긁적이며 산 아래로 내려왔습니다. 절로 돌아온 그는 스승에게 물었습니다. "스승님, 저는 산을 오르며 평화와 고통, 변화와 고요를 모두 경험했습니다. 하지만 삶의 본질은 무엇인지 알 수 없었습니다."

그러자 스승은 미소를 지으며 말했다. "너는 이미 깨달음을 얻었구나. 삶의 본질이란 네가 산을 오르며 경험한 모든 것이며, 동시에 그 모든 것에 집착하지 않는 것이다. 평화도, 고통도, 변화도, 고요도 모두 지나가는 것일 뿐이다. 본질은 그것들을 있는 그대로 바라보는 너의 마음에 있다."

그 순간, 제자는 마치 천둥이 머릿속을 울리는 듯 깨달음을 얻었습니다. "아, 삶이란 그 자체로 완전하며, 내가 그것을 억지로 정의하려고 할 때 본질에서 멀어지는 것이었구나." 그는 스승 앞에 절을 하며 눈물을 흘렸습니다.

스승은 부드럽게 제자의 어깨를 두드리며 말했다. "깨달음은 산 정상에 있지 않고, 산을 오르며 지나온 모든 발자국에 있다. 그 발자국을 온전히 받아들이는 마음이 바로 삶의 본질을 아는 깨달음이다."

이 이야기는 삶의 고통과 기쁨, 변화와 고요를 모두 포함한 채로, 있는 그대로 받아들이는 마음을 가지는 것이야말로 진정한 깨달음이라는 교훈을 전해줍니다.

# 사성제와 고통의 원인

사성제(四聖諦)는 부처님께서 깨달음을 통해 발견하신 불교의 핵심 진리로, 인간 존재의 본질과 고통의 원인을 밝히고 이를 극복하기 위한 구체적인 길을 제시하는 가르침입니다. 사성제는 네 가지 성스러운 진리를 의미하며, 각각 고성제(苦聖諦), 집성제(集聖諦), 멸성제(滅聖諦), 도성제(道聖諦)로 이루어져 있습니다. 이 가르침은 단순히 철학적 이론이나 추상적인 개념에 그치는 것이 아니라, 현실 속에서 우리의 삶과 직접적으로 연결된 실천적이고 구체적인 지침으로 우리에게 다가옵니다.

부처님께서는 모든 생명체가 고통 속에서 살아간다는 사실을 깨닫고, 이 고통을 어떻게 극복할 수 있는지를 고민하셨습니다. 사성제는 이러한 부처님의 깊은 통찰에서 비롯된 가르침입니다. 이를 이해하기 위해 우리는 먼저 고통이 무엇인지, 그 본질이 무엇인지 탐구해야 합니다.

사성제의 첫 번째 진리인 고성제는 '삶은 고통이다'라는 가르침을 담고 있습니다. 부처님께서는 우리가 태어나는 순간부터 삶 전체가 고통으로 가득 차 있다고 말씀하셨습니다. 태어남 자체가 고통의 시작이며, 성장과 노화, 질병, 죽음에 이르는 과정은 모두 피할 수 없는 고통의 연속입니다. 그러나 이 고통은 단순히 육체적 고통에만 국한되지 않습니다. 정신적 고통 또한 우리의 삶 속에 깊이 자리하고 있습니다.

우리가 사랑하는 사람과의 이별을 경험하거나 원하는 것을 얻지 못할 때 느끼는 좌절감은 모두 고통의 일부입니다. 심지어 우리가 잠깐의 기쁨을 느끼는 순간에도, 그 기쁨이 사라질 것을 예감하며 느끼는 불안감 또한 고통에 해당합니다. 이는 고통이 단순히 외부의 사건이나 조건에 의해 발생하는 것이 아니라, 우리 내면 깊숙한 곳에서부터 비롯된다는 것을 보여줍니다.

부처님께서는 고통을 피할 수 없는 운명으로 간주하지 않으셨습니다. 대신, 고통은 분석하고 이해할 수 있는 문제로 보았습니다. 고통을 단순히 참아 내거나 무시하는 것이 아니라, 그 근본 원인을 파악하고 해결하려는 태도를 가지는 것이 고성제의 핵심입니다. 부처님께서는 우리의 고통이 삶의 필연적인 결과로 나타나는 것이 아니라, 특정한 원인에서 비롯된다는 점을 강조하셨습니다.

사성제의 두 번째 진리인 집성제는 고통의 근본 원인을 우리의 욕망과 집착에서 찾습니다. 인간의 마음은 끊임없이 무언가를 갈망합니다. 더 많은 부, 더 높은 명예, 더 좋은 인간관계 등 끝없이 일어나는 욕망은 우리가 만족할 줄 모르고, 그 결과로 계속해서 고통을 느끼게 만듭니다.

예를 들어, 우리가 원하는 물건을 손에 넣었을 때 잠깐의 기쁨을 느낄 수 있습니다. 그러나 시간이 지나면서 그 기쁨은 점차 희미해지고, 새로운 욕망이 생겨납니다. 부처님께서는 이러한 욕망의 순환이 결국 고통의 연속을 만들어낸다고 가르치셨습니다. 우리는 더 많은 것을 얻으려는 욕망에 사로잡혀 자신을 고통 속으로 몰아넣습니다.

또한, 욕망과 집착은 단지 개인적인 차원에서 끝나지 않습니다. 집착은 관계와 사회적 갈등을 초래하며, 나아가 불필요한 경쟁과 충돌로 이어질 수 있습니다. 우리는 종종 욕망을 채우기 위해 다른 사람과 비교하거나, 자신이 가진 것을 잃지 않으려는 불안 속에 살아갑니다. 이러한 마음은 우리 자신뿐만 아니라 주변 사람들까지도 괴롭게 만듭니다.

사성제의 세 번째 진리인 멸성제는 고통의 소멸 가능성을 제시합니다. 부처님께서는 고통이 영원하거나 불가피한 것이 아니며, 그것이 특정한 원인에 의해 발생하기 때문에 그 원인만 제거하면 고통도 사라질 수 있다고 가르치셨습니다. 부처님께서 말씀하신 고통의 소멸 상태를 우리는 열반(涅槃)이라고 부릅니다.

열반은 욕망과 집착으로부터 완전히 해방된 상태로, 더 이상 고통이 존재하지 않는 절대적 평화의 상태를 뜻합니다. 열반에 도달한 사람은 집착에서 벗어나 삶의 모든 순간을 있는 그대로 받아들이며, 참된 자유를 누리게 됩니다. 멸성제는 고통의 소멸이 단순히 가능성으로 끝나는 것이 아니라, 우리가 스스로 이를 실현할 수 있음을 강조합니다.

사성제의 네 번째 진리인 도성제는 고통을 극복하기 위한 구체적인 실천 방법을 제시합니다. 도성제는 고통에서 벗어나기 위해 우리가 따라야 할 길을 의미하며, 이 길은 팔정도(八正道)로 알려져 있습니다. 팔정도는 고통의 소멸을 위해 우리가 실천해야 할 여덟 가지 올바른 지침으로 구성되어 있습니다.

팔정도는 올바른 견해(正見), 올바른 생각(正思惟), 올바른 말(正語), 올바른 행위(正業), 올바른 생활(正命), 올바른 노력(正精進), 올바른 마음 챙김(正念), 그리고 올바른 집중(正定)입니다. 팔정도는 단순히 도덕적 규범을 넘어, 우리가 자신의 마음과 행동을 바로잡아 궁극적인 해탈과 평화를 얻도록 돕는 실천적 가르침입니다.

현대 사회에서도 사성제의 가르침은 여전히 유효합니다. 우리는 물질적으로 풍요로운 삶을 살고 있지만, 동시에 끊임없는 스트레스와 불안, 경쟁 속에서 살아갑니다. 이러한 삶의 고통을 해결하기 위해 부처님의 가르침은 우리에게 중요한 통찰을 제공합니다.

예를 들어, 명상과 마음 챙김은 현대적으로 재해석된 부처님의 가르침으로, 우리가 욕망과 집착에서 벗어나 현재를 온전히 받아들이고 평화를 찾는 데 도움을 줍니다. 또한, 부처님께서 가르치신 팔정도는 오늘날의 윤리적 삶을 설계하는 데 강력한 지침이 됩니다.

사성제는 단순히 불교 신앙의 교리가 아닙니다. 그것은 우리 모두가 겪는 고통의 본질을 이해하고, 이를 극복하기 위한 길을 제시하는 보편적인 가르침입니다. 고성제, 집성제, 멸성제, 도성제라는 네 가지 진리를 통해 우리는 삶의 고통의 원인을 자각하고, 이를 극복하기 위한 실천적 방법을 배우며, 궁극적으로 진정한 자유와 평화를 얻을 수 있습니다. 이러한 가르침은 지금 이 순간에도 우리의 삶을 바꾸고, 우리를 괴로움에서 벗어나게 하는 강력한 지혜로 남아 있습니다.

부처님의 가르침은 단순히 이론적이거나 철학적인 논의에 그치지 않습니다. 부처님께서는 실질적이고 구체적인 방법으로 우리의 삶 속 괴로움을 해결하도록 가르치셨습니다. 이를 보여주는 대표적인 예로 부처님의 독화살의 비유가 있습니다. 부처님께서는 "만약 누군가 독화살에 맞았다면, 그는 가장 먼저 그 화살을 뽑아 상처를 치료해야 한다. 화살의 재질이나 화살을 쏜 사람이 누구인지 묻고 있을 시간이 없다." 라고 말씀하셨습니다. 이는 우리의 고통을 해결하는 데 있어 실질적인 실천이 무엇보다 중요하다는 것을 의미합니다. 삶의 고통과 그 원인을 이해하고 이를 극복하는 과정을 통해, 우리는 부처님께서 말씀하신 궁극적인 평화와 자유를 경험할 수 있을 것입니다.

옛날, 깊은 산속의 작은 마을에 한 젊은 스님이 살고 있었습니다. 그는 누구보다 부지런히 수행하며 경전을 공부했지만, 마음 한구석은 항상 불안과 괴로움으로 가득했습니다. 그는 종종 자신에게 물었습니다. "왜 나는 이렇게 열심히 수행을 하는데도 마음의 평화를 얻지 못하는 것인가? 왜 괴로움이 계속되는 것인가?"

하루는 이 고민을 해결하기 위해 그는 산 깊은 곳에서 은거 중인 노스님을 찾아갔습니다. 노스님은 젊은 스님의 이야기를 조용히 듣고 말했다. "너의 괴로움은 거울 속의 그림자와 같다. 그러나 그것을 이해하려면 스스로 확인해야 한다. 내가 가르침을 줄 테니 그것을 따라 해 보아라."

노스님은 젊은 스님을 작은 방으로 데려갔습니다. 방 한가운데에는 커다란 거울이 놓여 있었고, 그 옆에는 촛불이 하나 켜져 있었습니다. 노스님은 말했다. "거울 속의 그림자를 없애 보거라."

젊은 스님은 곧장 거울 앞으로 가서 손으로 그림자를 쓸어내려 했습니다. 그러나 그림자는 여전히 그 자리에 있었습니다. 이번에는 촛불을 옮겨 보았습니다. 그림자의 위치는 달라졌지만, 여전히 사라지지 않았습니다. 그는 한참 동안 여러 방법을 시도했지만, 그림자는 여전히 거울 속에 남아 있었습니다.

지친 젊은 스님이 노스님에게 물었습니다. "스님, 거울 속 그림자를 없앨 방법이 없을 것 같습니다. 제가 무엇을 잘못했습니까?"

노스님은 미소를 지으며 말했다. "그림자를 없애려면 거울 자체를 없애야 한다. 거울이 있는 한 그림자는 언제나 그곳에 있을 것이다. 하지만 거울을 치우면 그림자도 사라진다. 이 거울은 네 마음속 욕망과 집착을 상징한다. 너는 욕망을 채우려 하거나, 집착을 억지로 없애려고 노력했지만, 그 모든 노력은 오히려 괴로움을 더 크게 만들었을 뿐이다. 거울 속 그림자를 없애는 방법은 욕망과 집착을 내려놓는 것이다."

젊은 스님은 그 말을 듣고 깨달음을 얻었습니다. 그는 노스님에게 절을 하며 말했다. "제가 괴로움에 사로잡힌 이유는 그것을 없애려는 노력 자체가 문제였군요. 더 이상 그림자를 없애려 하지 않고, 있는 그대로 받아들이겠습니다."

그날 이후, 젊은 스님은 자신의 마음을 억지로 통제하려 하지 않았습니다. 그는 욕망과 집착이 떠오를 때 그것을 억누르거나 싸우지 않고, 그저 그것을 바라보며 스스로 사라지기를 기다렸습니다. 시간이 지나자 그의 마음은 점점 더 평온해졌고, 그는 마침내 참된 자유와 평화를 느끼게 되었습니다.

이 설화는 부처님의 사성제와 깊은 관련이 있습니다. 젊은 스님이 경험한 괴로움은 고성제를 상징하며, 거울 속 그림자는 욕망과 집착이라는 집성제를 나타냅니다. 노스님이 그림자를 없애려 하지 말고 거울을 치우라고 가르친 것은 욕망의 원인을 제거하는 멸성제의 교훈을 담고 있습니다. 그리고 욕망과 집착을 내려놓는 수행은 도성제의 실천을 상징합니다. 이 이야기는 괴로움을 없애려 애쓰기보다 그것을 있는 그대로 받아들이고, 내려놓음으로써 해탈에 이를 수 있다는 가르침을 전합니다.

# 갈애의 뿌리

갈애(渴愛)는 모든 고통의 근본적인 원인으로 여겨지는 중요한 개념입니다. '갈애'라는 단어는 본래 '목마름'이나 '갈망'을 의미하며, 이는 인간의 삶에서 끝없는 욕망과 집착을 상징합니다. 이러한 갈애는 끊임없이 새로운 욕구를 생성하고, 그 욕구를 채우기 위한 집착을 불러일으킴으로써, 고통의 원인이 됩니다. 불교의 사성제(四聖諦) 중 집성제(集聖諦)는 바로 이 갈애가 고통을 일으키는 주요 요인임을 설명하며, 중생이 겪는 고통의 뿌리를 명확히 지적합니다.

불교에서는 갈애의 뿌리는 무명(無明)에서 비롯됩니다. 무명은 우주의 본질과 모든 존재의 참된 실상을 보지 못하는 무지를 뜻합니다. 무명은 삼법인(三法印)인 무상(無常), 고(苦), 무아(無我)의 진리를 깨닫지 못하는 상태를 의미합니다. 무상의 진리는 모든 것은 변한다는 사실을 가리키며, 무아는 고정된 자아가 존재하지 않는다는 것을 말합니다. 이러한 진리를 알지 못하면 인간은 본질적으로 무상한 것들에 집착하고, 이를 통해 끊임없는 갈애와 집착을 만들어내어 고통을 경험하게 됩니다.

무명은 인간의 내면에서 갈애를 자극하고, 이로 인해 끝없는 윤회(輪廻)를 반복하게 만듭니다. 윤회는 삶과 죽음의 연속적인 순환을 의미하며, 불교에서는 이 순환을 벗어나기 위해 열반(涅槃)에 이르는 것이 궁극적인 목표로 여겨집니다. 무명이 갈애의 뿌리이기 때문에, 무명을 제거하지 않는 한 참된 해탈을 이룰 수 없습니다.

갈애는 불교에서 십이연기(十二緣起)의 중요한 요소 중 하나로 설명됩니다. 십이연기는 무명에서 시작해 노병사(老病死)에 이르는 인간의 생사윤회의 과정입니다. 그중 애(愛)는 삶의 집착과 갈망으로, 취(取)와 함께 윤회의 고통을 지속시키는 힘으로 작용합니다. 이 과정에서 애는 생의 번뇌를 불러일으키고, 그것이 다시 새로운 생과 고통을 잉태합니다.

갈애가 사라지지 않으면, 인간은 욕망의 충족과 결핍 사이에서 끝없는 갈등을 경험하게 됩니다. 예를 들어, 한 사람이 부와 명성을 얻기 위해 끊임없이 노력하지만, 그 과정에서 더 큰 스트레스와 불안을 겪는 것은 갈애의 작용입니다. 이러한 집착은 결국 육체적, 정신적 고통으로 이어지며, 그 고통은 다시 새로운 갈애를 불러일으킵니다.

갈애(渴愛)는 우리가 어두운 숲에서 길을 잃고 헤매는 것과 같습니다. 숲은 짙은 안개와 빽빽한 나무들로 가득 차 있어 어디로 가야 할지 모르게 만듭니다. 욕망과 집착은 판단력을 흐리게 하고, 두려움과 혼란은 우리를 더 깊은 어둠 속으로 몰아넣습니다.

이 숲을 벗어나기 위해서는 내면의 길잡이가 필요합니다. 한 걸음씩 신중히 나아가고, 작은 빛줄기를 따라 꾸준히 전진하면 언젠가 숲을 벗어날 수 있습니다. 숲을 나오면, 우리는 자유와 평온을 경험하며 삶의 진정한 의미를 깨닫게 됩니다.

결국, 갈애를 극복하는 과정은 혼란에서 벗어나 평온과 깨달음에 이르는 여정과 같습니다.

갈애의 뿌리를 이해하는 것은 불교 수행의 필수적인 부분입니다. 갈애가 인간의 삶에서 어떻게 작용하여 고통을 일으키는지 깨닫고, 그것을 극복하려는 노력이 불교 수행의 핵심입니다. 무명을 제거하고 갈애를 초월하는 길은 열반에 이르는 길이며, 이를 통해 궁극적인 해탈과 평화를 얻을 수 있습니다. 갈애를 인식하고 내려놓는 것은 불교의 가르침이 제시하는 삶의 진정한 자유로 가는 여정입니다.

옛날에 두 명의 비구가 숲속의 큰 나무 아래에서 수행을 하고 있었습니다. 그들은 오랜 시간 동안 함께 수행하며 서로를 의지해 왔습니다. 그러나 한 비구는 수행 중 마음이 흔들리기 시작했습니다. 그는 마을에서 보았던 부유한 상인의 집과 호화로운 생활을 떠올리며 그 삶에 대한 욕망과 갈망이 커졌습니다.

하루는 그 비구가 다른 비구에게 말했습니다. "우리는 이곳에서 수행만 하고 있지만, 저 멀리 마을에는 편안한 삶과 즐거움이 기다리고 있어. 어쩌면 나는 이 수행을 멈추고 세속의 행복을 찾아야 할지도 모르겠어.”

그러나 다른 비구는 미소를 지으며 대답했습니다. “그대가 바라보는 것은 일시적인 갈애의 대상일 뿐이오. 세속의 행복은 영원하지 않으며, 갈애는 결국 더 큰 고통을 불러일으킬 뿐이오.”

그 말을 듣고도 첫 번째 비구는 결국 수행을 그만두고 마을로 내려갔습니다. 그는 처음에는 부와 쾌락 속에서 즐거움을 누렸지만, 시간이 지남에 따라 끊임없는 욕망과 더 큰 집착에 사로잡혀 결국에는 불행과 후회 속에서 살아갔습니다.

반면에 숲에 남아 있던 비구는 마음속의 갈애를 이해하고 그것을 넘어서기 위해 꾸준히 수행했습니다. 그는 결국 깨달음을 얻고 더 이상 욕망에 휘둘리지 않는 내면의 평화를 얻게 되었습니다.

옛날 한 농부가 있었습니다. 그는 넓은 밭에서 농사를 지으며 열심히 일했지만, 마음 한편에는 항상 더 큰 부와 풍요를 얻고 싶은 욕망이 자리 잡고 있었습니다. 그러던 중 어느 날, 농부는 길에서 한 스님을 만나게 되었습니다.

스님은 농부에게 말했습니다. “그대가 부를 원한다면, 무소를 찾아보시오. 무소의 힘을 다스릴 수 있다면 그대는 큰 재물을 얻게 될 것이오.”

농부는 무소를 찾아 떠났습니다. 무소는 전설 속에서 탐욕과 욕망의 상징으로, 그 힘을 다루려는 자에게 큰 부와 힘을 준다고 알려져 있었습니다. 며칠 동안 찾아 헤맨 끝에, 농부는 커다란 무소를 발견했습니다. 그 무소는 신비로운 안개 속에 둘러싸여 있었고, 그 모습은 기이하면서도 강렬했습니다.

농부는 무소를 잡으려고 온 힘을 다해 노력했습니다. 하지만 무소는 잡힐 듯이 하면서도 매번 농부의 손을 피하며 도망쳤습니다. 농부는 점점 지쳐가면서도 무소를 잡으려는 욕망을 놓지 않았습니다.

스님이 다시 나타나 농부에게 말했습니다. "무소는 끊임없는 갈애의 상징일 뿐이오. 그대가 무소를 잡으려 애쓰는 한, 그대의 갈애는 계속될 것이며, 고통도 끝나지 않을 것이오. 무소를 놓고 돌아가 그대의 마음을 다스리시오."

농부는 스님의 말을 듣고 무소를 잡으려는 집착에서 벗어나기로 결심했습니다. 안개 속에 사라지는 무소를 바라보며, 그는 깨달음을 얻었습니다. 모든 욕망을 내려놓고 자신의 삶에 만족할 때 비로소 평화가 찾아온다는 것을 알게 된 것입니다.

그 후 농부는 무소를 더 이상 쫓지 않고, 자신이 가진 것에 감사하며 평온한 삶을 살게 되었습니다.

이 이야기는 우리에게 끝없는 갈애와 집착이 진정한 행복을 방해한다는 가르침을 줍니다. 무소를 쫓아가는 농부처럼, 우리는 현대판 무소인 로또에 마음이 사로잡혀 고통을 유발하는 사람들이 너무나 많습니다. 만족을 알고 갈애를 내려놓는 것이야말로 진정한 평화와 자유로 가는 길이라는 불교의 지혜를 담고 있습니다.

# 지혜와 자비의 조화

　　지혜와 자비는 불교의 핵심적인 수행 덕목이며, 궁극적으로 깨달음에 이르는 두 가지 길잡이 역할을 합니다. 두 개념은 각각의 의미를 뛰어넘어 서로에게 필수적이며, 깊이 있는 수행의 완성을 위해 조화를 이루는 것이 중요합니다. 자비와 지혜가 합쳐져야만 진정한 깨달음과 불교적 이상에 도달할 수 있다고 불교는 가르칩니다.

　　자비는 불교에서 모든 존재를 사랑하고 그들이 겪는 고통을 덜어주고자 하는 마음을 뜻합니다. 자비는 일반적인 동정심이나 선행 이상의 의미를 가집니다. 타인의 고통을 자신의 고통처럼 느끼고, 타인의 행복을 자신의 행복으로 여기는 경지에서 오는 진정한 사랑과 연민입니다. 자비는 그 본질상 개별적 욕망을 초월하여, 자신이 아닌 타인에게 진정으로 헌신하고자 하는 마음을 일컫습니다. 자비심을 가진 사람은 자신이 겪는 작은 불편이나 손실을 개의치 않으며, 타인의 고통을 덜어주기 위해 기꺼이 자신의 삶을 바칠 수 있는 마음을 키웁니다.

자비는 남을 위한 마음이지만, 결과적으로 자신에게도 참된 행복과 평안을 가져다줍니다. 고통을 가진 중생들을 사랑하고 그들의 행복을 염원함으로써, 자비심을 가진 사람은 내적 평온과 행복을 얻습니다. 자비는 단순히 남을 도와주기 위한 감정이 아니라, 자신의 마음속에서 이기심과 분노, 미움을 없애고, 고요하고 평화로운 마음 상태를 만드는 길이기도 합니다.

지혜는 사물과 현상을 있는 그대로 보고 이해하는 능력이며, 진리를 꿰뚫는 통찰력을 뜻합니다. 불교에서 지혜는 무명(無明)을 벗어나 깨달음에 이르기 위한 중요한 수단입니다. 지혜를 통해 우리는 모든 현상이 고정된 실체가 없고, 순간순간 변하는 무상(無常)의 특성을 가지고 있음을 깨닫게 됩니다. 이러한 깨달음은 모든 고통과 집착에서 벗어나게 해주며, 참된 자유와 평안을 가져다줍니다.

지혜는 단순한 지식과 구분됩니다. 학문적 지식이나 논리적 사고가 아니라, 자신의 경험과 수행을 통해 얻은 진정한 통찰과 이해입니다. 지혜는 한순간의 지적인 깨달음으로 얻는 것이 아니며, 오랜 시간의 수행과 경험을 통해 서서히 발전합니다. 지혜는 또한 자비의 실행을 효과적으로 돕는 역할을 합니다. 올바른 판단력과 상황에 대한 바른 이해를 바탕으로, 어떻게 남을 돕고 어떻게 자신을 다스릴지 알게 되기 때문입니다.

자비와 지혜는 수행 과정에서 서로 보완적인 관계를 형성합니다. 자비만으로는 우리가 원하는 방향으로 나아가기가 어렵고, 때로는 잘못된 길로 빠질 위험이 있습니다. 예를 들어, 누군가를 돕고자 하는 마음은 있으나 어떻게 도와야 할지 모른다면 그 의도가 빛을 잃거나 오히려 해가 될 수 있습니다. 자비가 있는 사람이라면 선행을 베풀고 타인을 돕고자 하는 마음이 강할 것입니다. 하지만 지혜가 결여되어 있으면 그 선행이 진정으로 상대에게 도움이 되지 못하거나, 자신이 지쳐서 수행을 지속하기 어려운 상황이 발생할 수 있습니다.

반대로, 지혜만을 추구하는 사람은 참된 자비를 실천하기 어려울 수 있습니다. 지혜로 모든 것을 깨달았다 하더라도, 그것이 자신만의 깨달음에 그친다면 결국 수행의 의미를 완성하지 못합니다. 자비를 바탕으로 중생을 돕고자 하는 마음이 없으면, 깨달음은 자신에게만 머무르고, 진정한 보살도의 길에 다다를 수 없습니다. 지혜만 있고 자비가 없다면, 그 깨달음은 개인의 깨달음일 뿐 전체를 향한 공덕을 쌓을 수 없게 됩니다.

자비와 지혜의 조화는 단순히 수행의 완성에서 그치지 않습니다. 이는 곧 불교적 이상, 즉 불타의 경지를 상징합니다. 자비와 지혜가 완벽하게 조화를 이룬 상태에서, 수행자는 부처님의 길에 들어서며, 자신과 타인 모두를 위해 진정한 평화와 깨달음을 실현할 수 있게 됩니다. 이 상태에서는 더 이상 자신과 타인의 구분이 없으며, 모든 존재를 하나로 보고, 그들을 위해 기꺼이 봉사할 수 있는 마음을 가지게 됩니다.

결국, 자비와 지혜는 상호 의존적이며 불가분의 관계에 있습니다. 자비 없이는 지혜가 완전할 수 없고, 지혜 없이는 자비가 올바르게 실현될 수 없습니다. 자비와 지혜의 조화로운 실천이야말로 불교 수행의 궁극적 목표이며, 모든 중생을 고통에서 해방시키고 평화로 이끄는 참된 길입니다.

자비와 지혜의 조화를 잘 보여주는 이야기로 밀린다왕과 나가세나의 이야기를 소개하겠습니다. 이 이야기는 불교의 자비와 지혜를 이해하는 데 중요한 메시지를 담고 있으며, 자비와 지혜가 조화를 이뤄야 수행이 온전해질 수 있음을 깨닫게 해줍니다.

옛날, 그리스계 인도 왕이었던 밀린다왕은 당대에 매우 지혜롭고 논리적인 인물로, 불교에 관심이 많았습니다. 하지만 그는 불교의 가르침을 믿기보다는 그 가르침이 논리적으로 타당한지 시험하고자 하는 마음이 컸습니다. 이에 그는 불교의 가르침을 배워보기 위해 나가세나라는 유명한 스님을 초대했습니다.

밀린다왕은 나가세나 스님에게 불교의 교리에 대해 수많은 질문을 던졌습니다. 그 중 하나는 "나는 누구인가?"라는 질문이었습니다. 밀린다왕은 자신이 '나'라는 고정된 존재가 있다고 생각했지만, 나가세나 스님은 이에 대해 독특한 비유를 통해 설명했습니다.

나가세나 스님은 밀린다왕에게 마차를 예로 들어 질문을 했습니다.

"대왕이시여, 이 마차의 어디에 '마차'가 있습니까? 바퀴에 있습니까? 아니면 손잡이에 있습니까? 바닥에 있습니까?"

밀린다왕은 마차의 어느 부분을 봐도 '마차'라는 전체를 대표할 수 없음을 깨달았습니다. 마차라는 것은 각 부품들이 모여서 만들어진 이름일 뿐, 실제로 고정된 실체가 있는 것이 아니라는 것을 이해하게 되었습니다. 이는 불교에서 말하는 '무아(無我)'의 가르침으로, 모든 존재에는 고정된 자아가 없다는 것을 설명한 것입니다.

이 가르침은 밀린다왕에게 큰 깨달음을 주었지만, 그는 여전히 궁금한 점이 남아 있었습니다.

밀린다왕은 깨달음을 얻는 것이 그저 개인의 깨달음에 그친다면, 자비와 같은 덕목은 왜 중요한 것인지에 대해 물었습니다. 나가세나 스님은 밀린다왕에게 다시 비유로 설명했습니다.

"대왕이시여, 만약 어떤 의사가 자신만의 건강과 치유에만 몰두하고, 병자들을 돌보지 않는다면 그가 진정한 의사라 할 수 있겠습니까? 참된 의사라면 자신의 치유 능력을 타인에게도 나누어, 그들을 고통에서 해방시켜야 하지 않겠습니까?"

이 말을 들은 밀린다왕은 깨달음이 자신만을 위한 것이 아니라, 중생을 위한 자비를 바탕으로 해야 진정한 의미가 있음을 깨달았습니다. 참된 지혜는 자신을 위한 것이 아닌, 자비를 통해 모든 이에게 나누어져야 한다는 것을 알게 된 것입니다.

이 이야기는 자비와 지혜가 서로 분리되지 않고, 조화를 이뤄야 진

정한 깨달음에 이르며, 그 깨달음이 중생을 구제할 수 있음을 보여줍
니다. 밀린다왕은 나가세나 스님과의 대화를 통해 지혜의 중요성을 깨
달았지만, 동시에 지혜가 자비와 함께 실현되어야 진정한 가르침임을
알게 되었습니다. 깨달음을 통해 얻는 지혜는 단순히 개인적 지식으로
그치는 것이 아니라, 타인을 돕고자 하는 자비와 만나야 비로소 완전
해진다는 불교적 가르침을 전달하고 있습니다.

밀린다왕과 나가세나 스님의 이야기는 자비와 지혜가 조화롭게 어
우러질 때, 수행이 온전히 완성된다는 점을 강조합니다. 지혜가 없는
자비는 방향을 잃을 수 있으며, 자비 없는 지혜는 그저 개인적 깨달음
에 머물러 중생을 구제하지 못합니다. 밀린다왕이 깨달은 바와 같이,
자비와 지혜는 함께해야만 타인의 고통을 덜어주고 참된 깨달음에 이
를 수 있는 수행의 덕목입니다.

옛날 어느 깊은 산 속에 두 명의 스님이 수행을 하고 있었습니다.
그들은 서로의 길을 지켜주며 조화롭게 생활해왔지만, 수행의 길은 항
상 어려운 법이었습니다. 한 스님은 지혜로 가득 찬 자로 알려졌고, 다
른 스님은 자비로운 마음이 깊은 자로 알려져 있었습니다.

어느 날, 두 스님이 함께 산책을 하다가 갑자기 굶주린 사자를 마
주치게 되었습니다. 사자는 몹시 배고픈 듯했으며, 두 스님을 잡아먹
을 기세로 으르렁거렸습니다.

첫 번째 스님, 즉 지혜로운 스님은 곧바로 사자의 본성을 파악하고
침착하게 행동했습니다. 그는 조심스럽게 뒤로 물러나며 말했다. "이

사자는 굶주림에 지배당하고 있소. 우리가 당장 이 자리를 피하지 않으면 위험하오."

그러나 자비심이 깊은 두 번째 스님은 사자의 처지를 보며 마음이 아팠습니다. 그는 사자가 배고픔으로 고통받는 것을 외면할 수 없었고, 잠시 생각한 후 말했습니다. "이 사자는 지금 굶주림 때문에 고통받고 있습니다. 제가 먹을 것을 찾아 그에게 주겠소."

지혜로운 스님은 그에게 충고했습니다. "자비는 좋지만, 지금 이 상황에서는 사자에게 다가가는 것은 위험하오. 지혜를 잃은 자비는 스스로를 위험에 빠뜨릴 뿐이오."

자비로운 스님은 잠시 망설였지만 결국 지혜로운 스님의 말을 따르기로 했습니다. 두 스님은 조금 떨어진 곳에 서서 사자를 조심스럽게 바라보았습니다. 지혜로운 스님은 사자를 놀라게 하지 않고, 평온하게 그가 다른 사냥감을 찾도록 길을 안내했습니다. 결국 사자는 서서히 자리를 떠났고, 두 스님은 무사히 위기를 넘길 수 있었습니다.

그 후 자비로운 스님은 지혜로운 스님에게 말했습니다. "오늘 나는 자비와 지혜가 함께 조화를 이뤄야 함을 배웠습니다. 나의 자비심이 당신의 지혜로 인해 더 큰 의미를 가질 수 있었음을 느꼈소."

지혜로운 스님도 고개를 끄덕이며 말했습니다. "나 또한 그대의 자비가 우리를 위험하게 만들 뻔한 상황에서도 순수한 마음으로 다가갔다는 사실을 깨달았소. 지혜와 자비는 함께할 때 더욱 빛을 발하는 법이오."

이 설화는 지혜와 자비가 조화로울 때 비로소 완전한 덕이 된다는 불교의 가르침을 전합니다. 지혜와 자비 중 어느 하나에만 치우치면 불완전한 결과를 낳을 수 있습니다. 따라서 이 둘을 균형 있게 함께 실천하는 것이 진정한 깨달음의 길임을 이야기합니다.

# 극단을 피하는 길

불교에서는 삶의 문제를 해결하는 데 있어 극단적인 생각이나 행동을 피하는 것을 중요하게 여깁니다. 이는 부처님이 제시한 '중도(中道)'라는 가르침을 통해 잘 나타납니다. 중도는 모든 것의 균형을 추구하는 길로, 고통과 쾌락의 극단을 피하며 지혜롭고 차분하게 자신의 삶을 가꾸는 방식을 의미합니다. 불교의 중도 사상은 삶의 여러 가지 측면에서 적용될 수 있으며, 이를 통해 우리는 평온하고 충만한 삶을 영위할 수 있습니다.

중도는 부처님께서 깨달음을 얻으신 후 가르치기 시작한 핵심 개념 중 하나입니다. 부처님은 출가하시기 전 왕자로서 온갖 풍요와 쾌락을 누리던 삶을 경험하셨고, 출가 후에는 엄격한 고행을 통해 영혼의 구원을 추구하기도 하셨습니다. 하지만 쾌락과 고행 모두가 해탈에 이르는 길이 아님을 깨달으신 부처님은 두 극단의 삶을 피하는 길이 진정한 깨달음에 이르는 방법임을 알아차리셨습니다. 그래서 제자들에게 "쾌락과 고행, 양 극단을 버리고 중도의 길을 걸어야 한다고" 가르치셨습니다.

지나친 탐욕이나 집착, 반대로 지나친 자기억제나 회피도 모두 올바른 삶의 방식이 아니라고 봅니다. 현대 사회에서 사람들은 물질적 성공이나 성취를 위해 끝없는 욕망을 추구하거나, 반대로 그런 욕망에 지쳐 삶의 의욕을 잃기도 합니다. 중도는 우리가 탐욕이나 집착, 극단적인 자기부정에서 벗어나 스스로를 존중하면서도 욕망에 휘둘리지 않는 삶을 살도록 도와줍니다. 마음속에 균형을 찾고, 과하지도 모자라지도 않게 삶을 대하는 태도를 지향합니다.

우리의 삶에서 감정 또한 중도를 유지하는 것이 중요합니다. 불교에서는 분노나 욕심, 집착 같은 감정을 다스리고자 노력해야 한다고 말합니다. 분노와 집착은 순간적으로 우리의 에너지를 불태울 수 있지만, 결국 우리 자신을 다치게 하고 주변에 부정적인 영향을 미칩니다. 중도의 마음가짐을 통해 지나친 감정의 치우침에서 벗어나 고요하고 평화로운 마음을 유지할 수 있습니다.

수행 과정에서도 중도는 매우 중요합니다. 어떤 이들은 수행에 지나치게 집착하여 무리한 고행을 하거나 일상생활에서 멀어지는 경우가 있습니다. 하지만 수행은 단순히 고통을 참아 내거나 자신을 억누르는 것이 아니라 일상 속에서 마음을 다스리고 참된 자아를 발견하는 여정입니다. 부처님께서는 지나친 고행이 오히려 마음을 피폐하게 만든다고 하시며, 실천적이면서도 실질적인 수행을 권장하셨습니다.

중도의 가르침은 단순히 수행에만 국한되지 않습니다. 가정생활, 사회생활, 직장생활 등 여러 영역에서 중도의 지혜는 유용합니다. 예를 들어 가정에서 지나친 권위나 집착을 피하며 가족 구성원들을 이해하고 배려하는 태도, 직장에서 적당한 휴식과 업무를 병행하여 효율적으로 일하는 습관 등도 모두 중도의 실천입니다. 이처럼 중도는 우리 삶의 크고 작은 문제들을 해결하고 균형 잡힌 삶을 살도록 돕는 길잡이 역할을 합니다.

부처님이 깨달음을 얻기 전, 그는 젊은 시절 궁전에서 쾌락을 누리며 살다가 출가 후에는 고행을 통해 진리를 깨닫고자 노력했습니다. 부처님은 고행의 길을 택하며 스스로를 극한까지 몰아붙였고, 음식을 거의 먹지 않고 고통을 참아내며 수행했습니다. 그러나 그런 고행의 방법으로는 진정한 깨달음에 이르지 못한다는 것을 깨달았을 때, 부처님은 자신의 방법이 옳지 않았음을 깊이 자각하셨습니다.

어느 날, 부처님은 고행을 포기하고 마음을 가라앉히며 명상을 시작하셨습니다. 그때, 한 음악가가 시타르라는 현악기를 조율하며 연주하는 소리가 들려왔습니다. 그 음악가는 연주하기 전에 이렇게 말했습니다.

"현을 너무 팽팽하게 조이면 끊어질 것이고, 너무 느슨하게 하면 소리가 나지 않는다."

이 말을 들은 부처님은 깨달음을 얻었습니다. 삶도 시타르의 현처럼 너무 팽팽하게, 혹은 너무 느슨하게 해서는 안 된다는 것을 깨달으신 것입니다. 모든 것이 균형을 이루고 조화롭게 유지될 때, 아름다운 소리가 나듯이, 삶도 중도를 지킬 때 진정한 평화와 깨달음에 이를 수 있음을 알아차리셨습니다.

이 사건 이후 부처님은 극단을 피하고, 쾌락과 고행의 양극단을 떠나 중도의 길을 따르겠다고 결심하셨습니다. 그리고 이 깨달음을 바탕으로 제자들에게 중도의 중요성을 가르치며, 고행과 쾌락의 극단을 떠나지 못한 이들이 중도의 길을 걷도록 인도하셨습니다.

부처님께서 말씀하신 중도의 길은 모든 일에서 적당함과 균형을 유지하는 것의 중요성을 강조합니다. 시타르의 현처럼, 지나치지 않게 그리고 너무 부족하지 않게 삶을 조율하는 것이 중도의 핵심입니다. 부처님의 가르침은 단순히 특정한 수행 방식에만 적용되는 것이 아니라, 우리의 일상생활에서도 무리하지 않고 조화롭게 살아가는 방식을 제시합니다.

옛날에 한 젊은 여인이 있었습니다. 그녀는 날씬한 몸매를 유지하고자 다이어트를 시작했습니다. 처음에는 적당히 식사를 줄이며 건강하게 체중을 관리했지만, 점점 더 많은 체중을 감량하고 싶은 욕망이 생겼습니다. 그래서 그녀는 거의 아무것도 먹지 않고 극단적으로 다이어트를 하게 되었습니다.

처음에는 성공적으로 체중이 줄어들었지만, 얼마 지나지 않아 몸이 지치고 힘이 빠져 제대로 활동하지 못하게 되었습니다. 정신적으로도 예민해지고, 모든 것이 짜증스럽게 느껴지며 고통스러운 하루하루를 보내게 되었습니다.

그러던 어느 날 그녀는 유명한 스님이 설법을 한다는 소식을 듣고, 스님을 찾아가 자신의 괴로움을 털어놓았습니다. 스님은 그녀의 이야기를 들은 후, 연등을 예로 들어 설명해 주었습니다.

"연등을 켤 때 기름을 너무 많이 넣으면 불꽃이 너무 커져 쉽게 꺼질 것이고, 너무 적게 넣으면 금세 불이 꺼져버릴 것이오. 적당한 양의 기름을 넣어야 불이 오래 지속되고 아름답게 빛을 발할 수 있지요. 다이어트 또한 마찬가지입니다. 지나친 욕심으로 극단적인 다이어트를 하면 오히려 몸과 마음이 무너지게 되오. 적절한 균형을 찾아야 건강하게 빛날 수 있소."

그녀는 스님의 말을 듣고 자신의 과도한 욕심과 극단적인 다이어트가 오히려 자신을 해치고 있다는 사실을 깨달았습니다. 그 후, 그녀는 식사를 적당히 하며 건강을 유지하는 중도의 길을 택하게 되었고, 마음과 몸 모두 건강한 삶을 살 수 있게 되었습니다.

위의 이야기를 통해 부처님은 중도의 길이란 삶에서 행복과 고통, 열정과 절제 사이의 균형을 찾는 길임을 깨닫게 하셨습니다. 이를 통해 우리는 매일의 삶에서 자신의 마음과 행동을 조율하며 진정한 평화에 이를 수 있습니다.

# 괴로움의 소멸

불교의 핵심 교리인 사성제 중 세 번째 진리, 멸성제(滅聖諦)는 괴로움이 완전히 사라질 수 있다는 가능성을 제시합니다. 멸성제는 인생의 고통을 제거하는 궁극적인 목표로서 열반(涅槃)에 이르는 것을 의미합니다. 불교에서 말하는 괴로움의 소멸이란, 우리가 일상에서 겪는 모든 형태의 고통, 불안, 집착에서 벗어나 마음의 평화를 얻는 상태를 뜻합니다. 이는 부처님이 깨달은 해탈의 경지이며, 중생에게 제시된 자유와 평화의 이상적인 상태입니다.

괴로움은 인간 삶에서 필연적인 경험으로, 불교에서는 이를 '고(苦)'라고 정의합니다. 이 고통은 신체적인 고통뿐만 아니라 정신적, 정서적 고통을 모두 포함합니다. 고통의 원인으로는 탐욕, 분노, 무지와 같은 인간의 마음 속 성향이 있습니다. 불교에서는 이러한 성향이 고통을 일으키고, 그것이 우리를 끊임없이 괴롭게 한다고 봅니다.

탐욕과 집착은 우리가 원하는 것을 얻지 못할 때 생기는 고통이며, 설사 원하는 것을 얻더라도 그 즐거움이 일시적이어서 결국에는 새로운 욕망이 생기게 됩니다. 분노는 우리 자신과 타인에게 고통을 주고, 무지는 세상을 왜곡되게 바라보게 하여 불필요한 집착과 고통을 반복하게 만듭니다. 불교의 가르침에 따르면, 이러한 마음의 성향을 뿌리 뽑지 않는 한 괴로움의 소멸은 이루어질 수 없습니다.

괴로움의 소멸을 이루는 최종 상태를 불교에서는 열반(涅槃)이라고 부릅니다. 열반은 탐욕, 분노, 무지와 같은 마음의 더러움이 완전히 사라져 평온한 상태에 도달하는 것을 의미합니다. 단순히 욕망을 없애는 것뿐만 아니라, 집착과 번뇌에서 벗어나 참된 자유를 얻는 것이 열반의 상태입니다.

열반은 우리의 마음이 불순한 욕망과 집착에서 자유로워지고, 외부 조건에 의해 흔들리지 않는 고요하고 평화로운 상태입니다. 이 상태에서는 고통을 일으키는 원인들이 더 이상 존재하지 않기 때문에, 고통도 자연스럽게 소멸됩니다. 열반은 부처님이 제시한 궁극의 경지로서, 깨달음을 통해 도달할 수 있는 인간 존재의 이상입니다.

괴로움의 소멸을 이루기 위해 불교에서는 팔정도(八正道)라는 여덟 가지 실천 방법을 제시합니다. 팔정도는 올바른 생각과 행동을 통해 우리 마음을 정화하고, 고통에서 벗어나 열반에 이를 수 있는 길입니다. 팔정도는 괴로움의 소멸을 이루기 위한 구체적인 길이며, 실천을 통해 고통에서 벗어나 진정한 자유에 이르는 방법입니다. 각각의 실천을 통해 우리는 마음속에서 고통을 일으키는 원인을 점진적으로 제거하고, 고통이 없는 평화로운 상태에 가까워질 수 있습니다.

괴로움의 소멸을 이루기 위해 중요한 것은 자신의 내면을 들여다보는 마음가짐입니다. 괴로움의 원인을 외부에서 찾는 것이 아니라, 자신의 마음에서 찾고 그것을 해결하려는 노력이 필요합니다. 외부의 조건이나 환경은 우리가 통제할 수 없는 것이 많지만, 자신의 마음 상태는 오직 자신이 다스릴 수 있습니다. 이러한 내면 탐구와 수련은 불교에서 괴로움을 소멸하는 데 있어 필수적인 단계로 여겨집니다.

또한, 괴로움의 소멸을 이루기 위해서는 끊임없는 노력과 인내가 필요합니다. 고통에서 완전히 벗어나는 과정은 하루아침에 이루어지는 것이 아닙니다. 오랜 시간에 걸쳐 자신의 마음을 성찰하고, 바른 삶을 유지하며, 내면을 단련해야만 열반에 이르는 길을 걸을 수 있습니다. 이는 마치 정원을 가꾸듯, 끊임없이 잡초를 뽑아내고 건강한 씨앗을 뿌리며 정성을 들여야 하는 과정입니다.

괴로움의 소멸은 단순히 고통이 없는 상태가 아니라, 평화롭고 자유로운 마음의 상태입니다. 부처님의 가르침에 따르면, 모든 존재는 괴로움의 소멸을 이룰 가능성이 있으며, 이를 위해 올바른 길을 걷고자 노력하는 과정이 중요합니다. 괴로움의 소멸을 통해 우리는 일상에서 얻기 힘든 깊은 평화와 고요를 경험할 수 있으며, 결국 궁극적인 자유와 깨달음에 이를 수 있습니다.

옛날 인도에 한 코끼리 사냥꾼이 있었습니다. 그는 생계를 위해 코끼리를 사냥하고 그 상아를 팔며 살아가고 있었습니다. 어느 날, 그는 매우 거대한 코끼리를 발견하고는 그 코끼리를 잡겠다고 결심했습니다. 코끼리 사냥꾼은 그 코끼리를 숲속으로 유인하기 위해 여러 날 동안 사냥의 준비를 하고 계획을 세웠습니다.

사냥꾼은 코끼리가 항상 다니는 길목에 덫을 설치하고 숨어서 기다렸습니다. 얼마 후, 코끼리가 그의 덫에 걸렸고, 사냥꾼은 기뻐하며 코끼리에게 다가갔습니다. 그러나 그 순간, 코끼리가 깊은 눈빛으로 사냥꾼을 응시하며 사냥꾼을 말렸습니다.

코끼리가 말했습니다. "나는 내 생명을 빼앗기기 직전에 깨달음을 얻었습니다. 이 세상의 모든 괴로움은 욕망과 집착에서 비롯됩니다. 욕망과 집착을 버리고 나니, 마음속 괴로움이 모두 사라졌습니다. 나는 이제 고통이 없습니다. 너도 나처럼 이 진리를 깨달으면 좋겠구나."

사냥꾼은 코끼리의 말을 들으며 충격을 받았습니다. 단순히 사냥감이라고만 생각했던 코끼리가 놀라운 깨달음을 얻었고, 그런 깨달음을 자신에게 전하고 있다는 사실이 믿기지 않았습니다. 그는 자신이 가진 욕심과 집착으로 인해 얼마나 많은 생명을 희생시켜 왔는지 돌이켜 보게 되었습니다.

그러나 사냥꾼은 여전히 자신의 삶을 유지해야 한다는 생각에 괴로웠습니다. 코끼리는 이를 알아차리고 사냥꾼에게 다시 말했습니다.

"나를 잡아서 얻는 작은 이익이 정말 너에게 영원한 행복을 줄 것

같으냐? 너의 욕망은 끝이 없고, 더 큰 욕망으로 이어질 것이다. 그러나 나처럼 욕망과 집착을 놓아버리면, 너는 참된 평화와 자유를 얻을 수 있을 것이다. 그 어떤 금은보화나 물질적 부보다 더 소중한 것이 내 마음의 평온이다."

사냥꾼은 코끼리의 말에서 큰 깨달음을 얻었습니다. 그는 코끼리를 놓아주기로 결심하고, 더 이상 코끼리를 사냥하지 않겠다고 다짐했습니다. 그는 숲을 떠나면서 마음속에서 점차 욕망과 집착을 내려놓기 시작했고, 자신의 삶에서 생긴 괴로움을 이해하고 그 원인에서 벗어나는 수행을 시작했습니다.

이후 사냥꾼은 욕망에서 자유로워져 더 이상 고통에 휘둘리지 않았고, 평화로운 삶을 살게 되었다고 합니다. 코끼리의 가르침을 통해 그는 괴로움의 소멸이란 욕망과 집착에서 벗어나는 길에 있음을 깨달은 것입니다.

옛날 한 사람이 있었습니다. 그는 분노와 원망에 사로잡혀 끊임없이 괴로움을 느끼며 살았습니다. 어느 날 그는 스님을 찾아가 자신의 고통을 털어놓았습니다. "스님, 저는 매일 분노와 원망 속에 살아가고 있습니다. 왜 제 마음은 이토록 괴롭기만 한 것일까요?"

스님은 그 사람을 조용히 바라보며 물었습니다. "자네 손에 뜨거운 돌을 쥐고 있다면 어떤 기분이겠소?"

그 사람은 생각해 보지도 않고 바로 대답했습니다. "뜨겁고 고통스러울 겁니다. 아마도 견디기 힘들겠지요."

스님은 미소 지으며 다시 물었습니다. "그렇다면 어떻게 해야 그 뜨거운 고통에서 벗어날 수 있을까요?"

사람은 잠시 생각하다가 답했습니다. "당연히 그 돌을 내려놓아야겠지요."

스님은 고개를 끄덕이며 말했습니다. "그렇습니다. 자네가 붙들고 있는 분노와 원망도 마찬가지이오. 괴로움을 주는 것은 그것을 쥐고 있는 자네의 집착일 뿐이오. 마음속의 뜨거운 돌을 내려놓는다면, 자네의 괴로움도 함께 사라질 것이오."

그 사람은 스님의 말에 큰 깨달음을 얻었습니다. 자신이 붙들고 있었던 감정들이 스스로를 괴롭게 했음을 깨달은 그는, 점차 그 감정들을 내려놓기 시작했습니다. 그는 더 이상 분노와 원망에 얽매이지 않고, 차츰 마음의 평온을 되찾아 갔습니다.

이 이야기는 고통의 원인이 우리 마음속의 집착과 애착에 있으며, 그 집착을 내려놓을 때 비로소 괴로움이 소멸된다는 것을 가르칩니다. 뜨거운 돌을 손에서 놓아버리듯, 마음의 고통도 내려놓아야 평화와 해탈을 얻을 수 있음을 보여주는 이야기입니다.

# 집착과 포기의 균형

삶을 살아가면서 우리는 흔히 물질적 소유, 관계, 명예와 같은 대상에 깊이 집착하게 됩니다. 이러한 집착은 우리 삶에 안정을 주는 듯보이지만, 사실은 끊임없는 불안과 고통을 만들어 냅니다. 불교에서는 이와 같은 집착을 '번뇌'라 부르며, 인간이 고통에 빠지는 주요 원인으로 봅니다. 집착이란 일시적인 행복을 위해 집착의 대상을 놓지 않으려는 마음의 움직임에서 비롯됩니다. 이것이 우리에게 미치는 심리적 영향은 잠깐의 만족 뒤에 찾아오는 불만족과 더 큰 욕망으로 이어져, 끊임없는 갈증 속에 살아가게 합니다.

포기라는 말은 종종 부정적인 의미로 받아들여지기 쉽습니다. 많은 사람들이 포기를 '무관심'이나 '패배'로 오해하지만, 불교적 관점에서의 포기는 오히려 자유에 가까운 의미를 지닙니다. 포기는 우리가 무언가를 내려놓음으로써 스스로 자유로워질 수 있다는 마음의 상태를 가리킵니다. 욕망을 내려놓는 것은 우리가 외부 대상에 의존하지 않고 자립하는 능력을 기르는 길이 됩니다. 진정한 포기란 무관심이나 소극적 태도가 아닌, 자신을 묶고 있는 욕망과 두려움에서 벗어나는 해방을 의미합니다.

불교에서는 놓아버림을 실천할 수 있는 다양한 방법을 제안합니다. 삶에서 집착은 고통의 근원이 될 수 있으므로 이를 내려놓는 연습은 매우 중요합니다. 현재 순간에 집중하는 훈련은 우리가 과거의 후회나 미래에 대한 불안에서 벗어나는 데 도움을 줍니다. 이를 통해 우리는 삶에서 일어나는 작은 기쁨과 평화를 더 잘 느낄 수 있습니다.

또한, 자기 자신과 주변 사람들에 대해 자비심을 기르는 태도는 더 큰 차원의 사랑과 연민을 실천하는 중요한 발판이 됩니다. 이러한 태도는 관계의 집착에서 벗어나 상호 존중과 이해를 바탕으로 한 건강한 관계를 형성하도록 도와줍니다.

우리는 종종 집착과 포기의 경계에서 혼란을 느끼곤 합니다. 인간관계와 삶의 목표를 위해 애쓰는 것과 그것에 매몰되지 않는 것 사이에서 균형을 잡는 것이 중요합니다. 불교에서는 이를 '중도'라고 부르며, 과도한 집착과 무관심 사이에서 중간 지점을 찾아가는 길입니다. 예를 들어, 가족을 사랑하고 보호하는 것은 중요하지만, 그들의 삶과 선택에 대해 지나친 기대나 집착을 가지면 오히려 고통이 따르게 됩니다. 중도는 사랑과 배려를 하면서도 집착하지 않는 방식을 찾는 데서 비롯됩니다.

불교에서 참된 자유에 이르는 가장 중요한 요소는 '지혜'입니다. 지혜는 우리가 세상의 본질과 자신의 내면을 꿰뚫어 볼 수 있는 능력으로, 집착의 근원을 이해하고 내려놓을 수 있는 힘을 제공합니다. 또한 자비심은 타인을 있는 그대로 수용하고 조화롭게 살아가게 합니다. 자비심을 통해 우리는 다른 사람과의 관계에서도 집착을 줄이고, 서로를 이해하고 배려하는 마음을 키울 수 있습니다. 집착 없이도 타인과 연대하고 조화롭게 살아가는 것이야말로 불교가 추구하는 궁극의 해탈입니다.

집착을 내려놓음으로써 우리는 자신을 온전히 바라보고 발견하는 여정을 시작하게 됩니다. 모든 욕망과 두려움으로부터 자유로워질 때, 우리는 비로소 진정한 나 자신을 만나게 됩니다. 깨달음의 길에서 자유를 경험하는 것은 모든 번뇌에서 벗어난 상태를 뜻하며, 이것은 집착이 사라졌을 때만 가능해집니다. 집착 없이 깨어 있는 마음으로 살아가게 되면, 매 순간이 해탈의 경험으로 변모합니다.

불교적 실천에서 중요한 것은 현실적인 삶 속에서 집착과 포기의 균형을 지속적으로 연습하는 것입니다. 현실에서는 완전히 집착에서 벗어나기 어렵기 때문에, 지속적인 마음 훈련을 통해 조금씩 그 영향력을 줄여 나가는 과정이 필요합니다. 집착과 포기의 균형을 삶의 동반자로 삼고, 이를 지속적으로 의식하며 나아갈 때, 우리는 일상 속에서 더 큰 자유와 평화를 찾을 수 있게 됩니다.

옛날 어느 마을에 얄타라는 사람이 살고 있었습니다. 그는 물질적인 부와 명예를 모두 가진 사람이었지만, 항상 마음 한구석에 불안함과 공허함을 느끼고 있었습니다. 그러던 어느 날 얄타는 한 스님의 이야기를 듣게 되었고, 그에게서 마음의 평화를 얻는 법을 배우기로 결심했습니다.

스님은 그에게 마을 외곽에 있는 작은 연못에 가서 매일같이 연꽃을 관찰하라고 가르쳤습니다. 얄타는 그 뜻을 알지 못했지만, 스님의 말을 따라 매일 연못으로 향했습니다. 그곳에는 진흙 속에서 아름답게 피어나는 연꽃이 가득했습니다. 처음에는 그저 아름답다고만 느꼈지만, 매일같이 관찰하는 동안 얄타는 연꽃이 진흙 속에서도 깨끗하게 피어나고, 또 그 향기를 아무런 집착 없이 주변에 퍼뜨린다는 사실을 깨닫게 되었습니다.

얄타는 깨달음을 얻었습니다. 연꽃은 그 뿌리를 진흙 속에 두지만, 그것에 얽매이지 않고 위로 피어오르며, 자신을 아름답게 피워내고서는 곧 그 모습을 떠나보내는 것이었습니다. 그는 깨달음을 얻고, 자신의 집착과 욕망을 내려놓으며 더욱 가벼운 마음으로 살아가게 되었습니다. 이전에는 집착했던 많은 것들이 점차 사라지며, 그는 참된 자유와 행복을 얻게 되었습니다.

집착에서 벗어나야만 진정한 평화를 찾을 수 있음을 상징적으로 전하고 있습니다. 연꽃이 진흙 속에 살지만 오염되지 않고, 자신을 피워낸 뒤에는 그 아름다움을 집착 없이 내어주는 모습은, 우리에게도 집착하지 않는 삶의 중요성을 일깨워 줍니다.

옛날에 한 소년이 소를 잃어버려 온 산과 들을 돌아다니며 소를 찾아다녔습니다. 소년은 온 마을과 산속을 헤맸지만 소의 흔적을 발견하지 못했습니다. 그렇게 하루 종일 찾고 지쳐 있던 소년은 한 스님을 만나 도움을 요청했습니다.

스님은 소년에게 말했습니다. "네 마음을 살펴보아라. 소를 찾고자 하는 마음은 너무 강하지만, 소가 정말 어디 있는지 찾는 데는 집중하지 않고 있구나."

스님의 말에 소년은 잠시 걸음을 멈추고 숨을 고르며 마음을 차분히 가라앉혔습니다. 그러자 그동안 미처 보지 못했던 소의 발자국이 자신의 발밑에 있다는 것을 깨달았습니다. 발자국을 따라 걷다 보니 소는 바로 가까운 숲속에 숨어 있었습니다.

소년은 소를 찾아서 기뻤고, 스님에게 감사를 표했습니다. 그러자 스님은 덧붙였습니다.

"소는 사실 너의 마음을 상징하느니라. 우리가 잃어버린 마음의 평안을 되찾고자 할 때, 그저 찾으려는 욕심과 조급함만 내려놓으면, 그것이 바로 가까이에 있음을 알게 되지."

이 이야기는 집착과 조급함을 내려놓고 마음을 차분히 바라보면 진정한 평안과 깨달음을 발견할 수 있다는 가르침을 전합니다. 소년이 소를 찾고자 하는 마음에 집착하면서 오히려 소를 찾지 못했던 것처럼, 우리가 삶에서 평안과 깨달음을 찾을 때도 지나친 집착과 조급함을 내려놓아야 그 본질을 볼 수 있다는 불교적 깨달음을 담고 있습니다.

# 자아와 타인의 경계

　불교에서 자아는 고정된 실체로 존재하지 않습니다. 자아는 몸과 마음의 끊임없는 변화 속에서 만들어진 일시적 집합체일 뿐, 영속적인 존재가 아니라고 봅니다. 이는 '무아(無我)'의 가르침으로 설명되며, 자아를 실체로 믿고 그것에 집착하는 것이 고통의 원인이라고 설파합니다. 몸은 시간과 환경에 따라 변하며, 마음도 계속해서 변화를 겪습니다. 자아를 고정된 실체로 인식하는 순간, 우리는 그것을 보호하고자 하는 욕구와 집착을 갖게 되며, 이는 곧 고통을 야기합니다. 이렇듯 자아란 본래 실재하는 것이 아니며, 변하는 현상의 한 형태로서 이해해야 합니다.

　자아와 타인 사이의 경계는 사실 욕망, 집착, 무지에서 비롯됩니다. 자아와 타인을 구분 짓고, 자아를 보호하기 위해 타인과의 거리를 설정하는 행동들은 인간의 기본적인 방어기제로 작용할 때도 있지만, 지나친 경우 오히려 우리를 고립시키고 소외감을 심화시킵니다. 불교에서는 이 경계가 실재하지 않으며, 오직 우리 마음이 만들어낸 허상일 뿐이라고 가르칩니다. 우리가 타인과 자신을 나누는 사고방식에서 벗어나지 못할 때, 불필요한 경쟁심과 비교의식이 생겨나며, 이는 고통의 주요 원인이 됩니다.

자아와 타인을 엄격하게 구분하는 이분법적 사고는 삶을 더욱 힘들게 만듭니다. 자아와 타인을 서로 나누어 보게 되면, 우리는 타인과 끊임없이 비교하게 되고, 경쟁 속에 자아를 지키려는 고통스러운 상태에 빠지기 쉽습니다. 예를 들어, 직장 동료나 친구와의 관계에서도 자신이 타인보다 우월하길 바라거나, 끊임없이 타인의 시선을 의식하게 되면 마음은 불안해집니다. 자아와 타인을 나누는 사고방식은 고립감을 더해갈 뿐 아니라, 타인과의 소통에서도 갈등을 불러일으킬 가능성이 큽니다.

불교에서는 자아와 타인의 경계가 실재하는 것이 아니라, 우리 마음이 만들어낸 허상에 불과하다고 설명합니다. 자아와 타인의 경계가 무너지면 우리는 비로소 타인의 고통과 기쁨을 자신의 것으로 느낄 수 있습니다. 나와 남의 구분이 허상임을 깨달을 때, 타인에 대한 연민과 이해가 깊어지고, 갈등 또한 자연스럽게 줄어듭니다. 타인을 적대시하거나 경쟁상대로 여기는 마음은 사실 우리의 마음이 자아를 보호하기 위해 만들어낸 인위적인 구분일 뿐입니다.

연민은 다른 사람의 고통을 이해하고, 그 고통을 덜어주려는 마음에서 비롯됩니다. 불교에서는 연민을 통해 자아의 경계를 허물고 모든 생명과 연결되는 경험을 추구합니다. 우리는 연민의 마음을 통해 타인의 아픔을 나의 아픔으로 여기고, 타인과의 경계를 허물며 하나가 될 수 있습니다. 연민은 다른 사람을 온전히 이해하고 그들과 연결되려는 마음이므로, 자아와 타인의 경계를 극복하고 진정한 평화를 이루는 중요한 길이 됩니다.

자비심은 모든 생명체에게 고통을 덜어주고자 하는 마음입니다. 불교에서는 자비심을 실천하면서 우리는 타인을 단순히 '타인'으로 보는 것이 아니라, 함께 나아가야 할 동반자로 인식하게 됩니다. 이는 타인의 고통을 보며 무심히 지나치지 않고, 그들의 아픔을 덜어주고자 하는 마음에서 비롯됩니다. 자비심을 통해 우리는 자아의 경계에 갇히지 않고, 타인과의 관계에서 사랑과 연대를 느끼게 됩니다.

자애명상은 자신과 타인 모두에게 자비와 사랑을 보내는 명상으로, 자아의 경계를 허물고 타인과의 연대감을 강화하는 데 중요한 역할을 합니다. 이 명상법에서는 먼저 자신에게 사랑과 평화를 보내며, 그 감정을 타인에게 확장해 갑니다. 이를 통해 자아와 타인을 하나의 전체로 경험하게 되며, 자아와 타인의 구분을 뛰어넘어 모든 생명을 사랑하는 마음을 기르게 됩니다.

위빠사나 명상은 자신의 자아와 마음을 관찰하며 자아와 타인의 경계가 일시적인 것임을 깨닫게 해줍니다. 이를 통해 우리는 자아에 대한 집착에서 조금씩 벗어나고, 타인을 있는 그대로 받아들이게 됩니다. 위빠사나 명상을 통해 자아의 변화무쌍한 성질을 깨닫고, 그 경계를 내려놓음으로써 타인과 하나로 연결되는 경험을 할 수 있습니다.

중도는 불교에서 강조하는 중요한 가르침으로, 자아와 타인을 지나치게 구분하지 않으면서도 각자의 독립적인 존재를 존중하는 삶의 방식을 말합니다. 중도를 실천하는 삶은 나와 타인 사이에서 조화로운 균형을 찾아가며 지나친 집착과 무관심 사이에서의 적절한 경계를 유지하는 것입니다. 우리는 중도를 통해 자아와 타인에 대한 지나친 집착을 줄이고, 평온한 마음을 유지할 수 있습니다.

중도를 통해 자아에 대한 건강한 이해와 타인에 대한 배려를 함께 실천할 수 있습니다. 자아와 타인 사이의 유연한 경계는 자아에 대한 집착을 줄이고, 타인과의 관계에서 연민과 자비를 강화할 수 있게 해줍니다. 우리는 자아를 버리는 것이 아니라 자아와 타인 사이의 조화를 이루는 법을 배우게 됩니다. 이러한 조화는 다른 사람들에게 진심 어린 도움을 주고받을 수 있게 하며, 진정한 평화를 경험하도록 돕습니다.

불교에서는 자아가 독립된 실체가 아니라, 모든 존재와 상호 연결되어 있음을 가르칩니다. 이를 '연기(緣起)'라고 부르며, 이는 자아가 타인과 상호작용하며 존재하는 것을 의미합니다. 우리는 이 깨달음을 통해 더 큰 자아, 즉 개별 자아를 넘어서는 상호의존적인 자아를 경험할 수 있습니다. 연기는 모든 존재가 서로에게 영향을 미치며, 하나의 존재가 독립적으로 존재할 수 없다는 깨달음으로 이어집니다.

궁극적으로 자아와 타인의 경계를 완전히 내려놓는 '무아'의 상태에 도달하게 되면 우리는 모든 존재와 하나 됨을 깨닫게 됩니다. 무아는 자아에 대한 집착을 완전히 내려놓고, 나와 타인이라는 구분이 사라진 상태를 의미합니다. 이는 불교에서 지향하는 최상의 깨달음으로, 진정한 해탈의 경지입니다. 무아의 상태에서는 자아와 타인의 경계가 사라지며, 모든 존재가 본래의 자유로운 상태로 존재하게 됩니다.

자아와 타인의 경계를 넘어선 삶은 불교적 실천을 통해 가능해집니다. 연민과 자비심을 실천하며 자아의 경계에 대한 집착을 내려놓고, 타인을 있는 그대로 수용하게 되면 우리 삶에는 진정한 평화가 찾아옵니다. 이는 자아와 타인의 구분을 없애고, 모든 존재와 연결된 하나의 큰 자아로서 살아가는 삶의 방식입니다

불교에서 자아와 타인의 경계에 대한 깨달음을 설명할 때 자주 언급되는 비유 중 하나가 인드라망의 그물 이야기입니다.

인드라(Indra)는 모든 신을 다스리는 신으로, 그가 지닌 거대한 그물은 우주의 모든 존재와 연결되어 있는 상징적인 그물입니다. 이 그물의 특징은, 각 매듭마다 반짝이는 보석이 달려 있으며, 그 보석들은 서로를 비추고 반사합니다. 각 보석은 모든 다른 보석의 모습을 반영하고 있으며, 이는 무한히 반복됩니다.

모든 존재가 서로 긴밀히 연결되어 있으며, 하나의 존재가 변할 때 나머지 모든 존재에게도 영향을 미친다는 의미를 담고 있습니다. 각

보석은 개별적인 자아를 상징하면서도 동시에 모든 다른 보석을 비추며 상호 연결되어 있어, 개별 자아와 타인의 경계가 사라지게 됩니다.

인드라망의 그물은 자아와 타인의 관계를 넘어 모든 존재가 하나로 연결된 우주의 실상을 보여주는 비유입니다. 개별 존재들이 상호의존적으로 연결되어 있음을 깨달을 때, 우리는 자아와 타인 사이의 경계가 환상에 불과하다는 것을 이해하게 됩니다.

장자는 어느 날 꿈속에서 나비가 되었습니다. 꿈속에서 그는 자유롭게 꽃 사이를 날아다니며 나비로서의 삶을 마음껏 누렸습니다. 꿈속에서 장자는 자신이 인간이라는 생각을 전혀 하지 않았고, 완전히 나비로서 존재하고 있었습니다. 그러나 문득 꿈에서 깨어나자 그는 자신이 다시 장자가 되어 있음을 알게 되었습니다.

그는 혼란스러웠습니다. "내가 꿈속에서 나비였던 장자인가? 아니면 지금 나비가 인간으로서 꿈을 꾸고 있는 것인가?"

이 이야기는 자아란 무엇인지, 현실과 꿈, 나와 타인에 대한 경계가 어디에서 비롯되는지에 대한 깊은 질문을 남깁니다. 장자는 자아에 대한 고정된 실체가 없음을 깨닫고, 모든 존재가 서로 변환할 수 있다는 통찰을 경험하게 됩니다.

옛날, 한 젊은 수행자가 있었습니다. 그는 항상 자아와 타인의 경계에 대해 고민했습니다. "나는 누구인가? 타인은 어디까지가 나와 다른 것인가?"라는 질문이 그를 괴롭혔습니다. 그는 스승에게 이 문제에 대해 물었습니다.

스승은 미소 지으며 그를 바닷가로 데려갔습니다. 그리고 손가락으로 바닷물을 가리키며 말했습니다. "여기 바닷물 한 방울을 보아라. 이 방울은 바다와 떨어져 있지만 여전히 바다의 일부이며, 바다로 돌아가면 바다와 구별할 수 없게 된다. 그러면 자네가 말하는 자아와 타인의 경계는 어디에 있는 것인가?"

젊은 수행자는 스승의 말을 이해하지 못하고 여전히 혼란스러웠습니다. 그러자 스승은 그에게 물 한 방울을 떠오라고 했습니다. 그는 바닷물에서 손으로 물 한 방울을 떠올렸고, 스승은 그에게 다시 물었습니다.

"이 한 방울은 자네의 손에 있는 동안은 분리된 것처럼 보이지만, 바다와 본질적으로 다르지 않다네. 이 방울이 바다로 돌아가면 어디가 자아이고 어디가 타인이겠는가?"

수행자는 그제서야 깨달음을 얻었습니다. 모든 존재는 겉으로는 분리되어 보이지만, 본질적으로는 서로 연결되어 있으며 같은 본성을 공유하고 있다는 사실을 이해한 것입니다.

스승은 덧붙여 말했습니다. "자아와 타인의 경계를 느끼는 것은 우리의 마음이 만들어낸 허상일 뿐이라네. 모든 존재는 서로에게 영향을 주며 연결되어 있네. 그 경계를 내려놓을 때, 우리는 진정한 평화와 조화를 느낄 수 있네."

이후 수행자는 자신과 타인을 구분 짓던 집착을 내려놓고, 모든 생명을 소중히 여기며 평화롭게 수행을 이어갔습니다.

이 설화는 자아와 타인의 경계가 허상에 불과하다는 불교의 가르침을 전합니다. 바닷물과 물 한 방울처럼, 우리 모두는 같은 본질을 지니고 있으며, 타인과 연결된 존재임을 깨달을 때 참된 평화와 자비를 실현할 수 있음을 이야기합니다.

# 쾌락과 금욕의 벗어남

    쾌락은 불교에서 '욕망'의 한 형태로, 감각적 즐거움에서 오는 일시적 행복을 말합니다. 초기 불교 경전에서는 이러한 쾌락이 삶에서 잠깐의 기쁨을 주지만, 더 큰 욕망을 불러일으키고 결국 끊임없이 더 많은 쾌락을 추구하게 되는 덫에 빠지게 된다고 설명합니다. 쾌락은 무언가를 소유하고자 하는 집착을 불러일으키며, 마음의 평온을 깨뜨리는 근본적 원인으로 간주됩니다. 부처님께서는 이러한 쾌락의 유혹이 인간을 속박하며, 욕망을 억제하는 것이 마음의 자유를 얻는 길임을 가르치셨습니다.

    금욕은 쾌락에 대한 반대 개념으로, 욕망을 철저히 억제하고 감각적 즐거움에서 벗어나는 생활 방식입니다. 불교에서는 수행자가 금욕을 통해 내면의 평화를 찾고자 하지만, 지나친 금욕은 오히려 마음을 불안하게 하고 내면에 억압을 쌓게 만들 수 있습니다. 초기 불교 경전의 한 구절에서는 젊은 부처님이 금욕의 길을 실천하다가, 지나친 금욕이 오히려 몸과 마음을 피폐하게 한다는 사실을 깨닫고 중도의 길을 발견하게 되었다고 전해집니다. 금욕은 궁극적인 목표가 아니라, 집착을 줄이고 깨달음에 이르기 위한 하나의 방편에 불과합니다.

불교적 관점에서 쾌락은 무조건 피해야 하는 것이 아니라, 집착하지 않는 방식으로 경험할 수 있는 훈련의 기회로 봅니다. 초기 불교에서는 '선한 쾌락과 악한 쾌락'을 구분 하였습니다. 선한 쾌락은 잠깐의 기쁨을 경험하되, 그것에 집착하지 않고 마음의 안정과 평온을 유지하는 것이며, 이는 수행에 도움이 될 수 있다고 합니다. 일상의 작은 즐거움마저도 집착하지 않고 경험할 때, 우리는 순간의 기쁨을 자유롭게 느낄 수 있으며, 삶에서 쾌락과 집착을 자연스럽게 분리하는 방법을 배울 수 있습니다.

불교에서 권장하는 것은 강제적 금욕이 아니라 자발적 절제입니다. 금욕을 무조건 실천하기보다는, 욕망을 스스로 제어하고 필요한 만큼만 받아들이는 훈련이 중요합니다. '절제'는 욕망의 폭주를 막아주며, 욕망에 얽매이지 않고 자아의 내면으로 돌아갈 수 있는 길을 열어줍니다. 이를 통해 쾌락에 너무 깊이 빠지지 않으면서도 삶의 기본적인 필요와 즐거움을 누리며, 그로써 자유로워질 수 있습니다. 자발적 절제는 쾌락을 지나치게 억제하지 않으면서도 마음의 평온을 유지하는 방법을 배울 수 있게 해 줍니다.

불교에서 중도는 쾌락과 금욕이라는 극단에서 벗어나, 양쪽을 포용하고 조화롭게 균형을 맞추는 것을 의미합니다. 중도가 지나친 쾌락과 금욕을 모두 피하고, 정신적 수행을 이어가면서 마음의 균형을 유지하는 길이라고 언급하고 있습니다. 중도는 고통을 피하고 깨달음을 추구하는 불교의 중심 원리로, 지나친 집착 없이 쾌락과 금욕을 수용할 수 있는 평화로운 삶의 방식을 제공합니다.

중도를 실천하기 위해 자신이 가진 필요와 욕망을 구분할 줄 알아야 한다고 가르칩니다. 불필요한 욕망은 집착을 키우고, 과도한 소유욕이나 비교에서 비롯된 갈등을 만들어냅니다. 반면, 삶의 본질적인 필요는 우리 존재의 기본을 지탱하는 중요한 요소입니다. 이를 구분하고 쾌락과 금욕의 경계를 지키면서 본질적인 것에 만족할 수 있는 삶의 지혜를 통해, 우리는 쾌락과 금욕의 양극단을 넘어선 삶을 경험하게 됩니다.

자비의 마음으로 욕망을 바라보라고 권합니다. 자비는 단순히 타인에 대한 연민을 넘어서, 자기 자신에 대한 이해와 연민을 포함합니다. 자신이 지닌 욕망을 억누르기보다는 그것을 관찰하고, 그 뿌리를 이해하는 연습이 필요합니다. 욕망을 억제하는 것이 아니라, 자비로운 마음으로 욕망을 수용하면서 집착을 줄여가는 과정을 통해 우리는 스스로에게도 타인에게도 보다 자비롭게 다가갈 수 있습니다. 자비는 자기 자신과 타인을 모두 포용하는 불교의 중요한 실천이므로, 이를 통해 욕망을 이해하고 다룰 수 있습니다.

지혜는 욕망을 무조건 억제하거나 거부하는 것이 아니라, 욕망이 삶에 미치는 영향을 객관적으로 파악하고, 그에 휘둘리지 않는 힘을 갖추는 것입니다. 초기 불교의 가르침에서는 지혜를 깨달음의 중요한 요소로 간주하며, 욕망이 마음에 미치는 작용을 명확히 알아차리고, 그것을 초월하는 것을 목표로 합니다. 지혜는 욕망을 유연하게 받아들이고, 지나친 쾌락과 금욕의 경계를 조율해 균형 잡힌 삶을 유지할 수 있는 방법을 제시합니다.

궁극적으로 불교는 쾌락과 금욕이라는 굴레에서 벗어나, 집착에서 자유로워진 기쁨을 경험하는 상태를 제안합니다. 이 상태에 도달하면 우리는 쾌락과 금욕에 대해 아무런 집착도 남기지 않고, 본질적인 평온을 찾을 수 있습니다. 불교의 깨달음은 욕망과 억압에서 벗어나, 스스로를 완전히 자유롭게 만드는 것이며, 이는 진정한 자아의 해탈을 의미합니다. 깨달음을 통해 우리는 욕망에 얽매이지 않고 평온한 삶을 영위할 수 있습니다.

깨달음의 경지에 도달한 사람은 쾌락이나 금욕 모두에 얽매이지 않고 삶을 자유롭게 바라볼 수 있습니다. 이러한 삶은 욕망과 억제라는 두 가지 극단에서 벗어나, 모든 경험을 있는 그대로 받아들이며 고요한 마음으로 살아가는 것입니다. 불교가 지향하는 이상적인 삶은 집착하지 않으면서도 쾌락과 금욕을 조화롭게 경험하며, 세상과 조화된 삶을 영위하는 것입니다. 깨달음에 이르렀을 때 우리는 모든 경험을 차별 없이 받아들이고, 고요한 마음으로 살아갈 수 있습니다.

쾌락과 금욕은 삶에서 중요한 경험이지만, 집착하면 고통이 수반됩니다. 불교적 실천은 우리에게 쾌락과 금욕을 모두 포용하고 균형을 유지하는 길을 제시합니다. 이를 통해 우리는 쾌락과 금욕에 대한 집착을 버리고 진정한 평화와 자유를 얻을 수 있습니다. 쾌락이나 금욕에 얽매이지 않고 삶을 온전히 경험할 때, 우리는 평화와 자유의 진정한 의미를 깨닫게 됩니다.

옛날, 한 수행자가 숲속에서 명상하며 지내고 있었습니다. 그는 세속의 소유물과 쾌락을 모두 내려놓고 금욕적인 삶을 살고 있었지만, 어느 날 밤, 그의 소박한 움막에 도둑이 들어왔습니다. 도둑은 수행자의 유일한 소지품인 담요와 작은 그릇을 훔치고자 했습니다. 수행자는 도둑이 자신을 깨우지 않으려고 몰래 움직이는 모습을 보고, 오히려 연민을 느꼈습니다.

수행자는 조용히 일어나 도둑에게 다가가 말했습니다.

"그대에게 정말 필요한 것이 있다면 내가 줄 수 있는 모든 것을 가져가도 좋습니다. 하지만 혹여 이 작은 것들로 그대의 마음이 편안해질 것이라고 기대하지는 마십시오. 내게는 그대가 진정한 평안을 찾는 것이 더 큰 기쁨이 될 것입니다."

도둑은 순간 놀랐고, 곧 수행자의 뜻을 이해하게 되었습니다. 그가 가진 유일한 소유물마저도 집착 없이 내려놓는 수행자의 모습을 보면서, 자신의 욕망과 탐욕이 오히려 마음의 평안을 빼앗아 왔음을 깨달았습니다. 도둑은 수행자에게 담요와 그릇을 돌려주고, 그의 발아래

엎드려 잘못을 뉘우쳤습니다.

수행자는 미소 지으며 도둑에게 말했습니다.

"세상의 모든 소유는 그저 일시적일 뿐입니다. 그것에 얽매이지 않고, 집착을 내려놓을 때 우리는 참된 자유를 얻을 수 있습니다."

그날 이후, 도둑은 수행자와 함께 금욕적인 삶을 실천하며 내면의 평화를 찾는 수행을 시작했고, 쾌락과 소유에 집착하지 않는 법을 배워갔습니다.

옛날 어느 왕국에 세 마리의 말이 있었습니다. 이 말들은 각각 성격이 달랐습니다. 첫 번째 말은 매우 온순하고 절제심이 강했습니다. 항상 규칙을 잘 지켰고, 왕이 원하는 대로 행동했습니다. 두 번째 말은 활달하고 쾌활했으며, 자신이 원하는 대로 자유롭게 달리는 것을 좋아했습니다. 세 번째 말은 고집이 세고 통제가 어려워, 아무리 훈련을 해도 원하는 방향으로 움직이지 않았습니다.

왕은 이 세 마리의 말을 어떻게 잘 훈련시킬 수 있을지 고민하다가, 유명한 스님에게 조언을 구했습니다. 스님은 세 마리 말을 한참 바라보더니 왕에게 말했습니다.

"첫 번째 말은 온순하고 절제하는 것을 알지만, 때로는 지나치게 자신의 욕구를 억누르느라 스트레스와 고통을 겪고 있습니다. 두 번째 말은 자유롭게 달리는 것을 좋아하지만, 쾌락에만 빠지다 보면 조절하지 못하게 될 위험이 큽니다. 세 번째 말은 자신의 고집을 버리지 못하고 원하는 대로만 움직이려 하니, 참된 길을 찾기 어렵습니다."

왕은 물었습니다. "그럼 이 세 마리의 말을 어떻게 다스려야 할까요?"

스님은 대답했습니다. "각각의 성향을 존중하되, 극단에 빠지지 않도록 균형을 잡아주는 것이 중요합니다. 첫 번째 말에게는 자아를 너무 억누르지 않고 편안하게 달릴 수 있는 자유를 주고, 두 번째 말에게는 절제를 통해 쾌락에 과도하게 빠지지 않도록 가르치며, 세 번째 말에게는 스스로를 내려놓고 자연스럽게 흐르는 법을 알려주어야 합니다."

스님은 이어 설명했습니다. "중도의 길이란 바로 이와 같소. 절제와 자유, 자아와 자비가 균형을 이룰 때 마음은 고요해지고, 모든 존재가 조화 속에서 평화롭게 살아갈 수 있소."

왕은 스님의 말을 듣고 크게 깨달았습니다. 이후 그는 말들을 훈련시키는 방식에 변화를 주었고, 세 마리의 말도 각자 중도의 길을 배우며 왕국에서 큰 조화와 평화를 이루게 되었습니다.

이 이야기는 쾌락과 금욕이라는 양극단의 한쪽에 치우치지 않고, 중도를 택하는 것이 진정한 평화를 가져다준다는 가르침을 줍니다. 삶에서 균형을 잃지 않고 각자의 성향에 맞춰 중도의 길을 따를 때 마음의 고요와 평화를 찾을 수 있음을 알려줍니다.

# 삶의 완전한 해탈

불교에서 해탈은 모든 고통과 속박으로부터 완전히 자유로워진 상태를 의미합니다. 초기 불교 경전에서는 해탈이란 '갈애로부터 벗어난 상태'라고 설명하며, 모든 집착과 욕망의 끈을 끊어버리는 것을 목표로 합니다. 해탈은 삶에서 일어나는 끊임없는 괴로움에서 벗어나, 진정한 평화와 행복을 얻는 상태로 나아가는 여정입니다. 이는 일시적인 기쁨이나 만족이 아닌, 삶의 근본적인 자유와 깊은 고요함을 지향합니다.

세상의 모든 존재가 끊임없는 고통과 변화 속에 있다고 가르칩니다. 이 고통의 원인은 무지, 탐욕, 분노와 같은 근원적 번뇌에서 비롯됩니다. 해탈의 중요성은 바로 이 끊임없는 변화 속에서 고통에서 벗어나는 데 있습니다. 해탈은 단순히 개인의 해방에 그치지 않고, 모든 생명과의 조화로운 관계를 이루며, 공동체 전체의 평화와 연대를 형성하는 과정으로 이어집니다. 이를 통해 불교는 개인과 세계의 평화를 동시에 추구합니다.

불교에서는 욕망과 집착이 고통의 주요 원인으로 작용한다고 강조합니다. 초기 불교는 이를 '무상(無常)'의 원리로 설명하며, 모든 것은 영원하지 않고 끊임없이 변한다는 깨달음이 집착을 내려놓게 한다고 가르칩니다. 집착에서 벗어나기 위해서는 자신의 내면을 정직하게 바라보며, 모든 대상을 있는 그대로 경험하는 명상을 통해 집착을 줄여가는 것이 중요합니다. 집착을 완전히 내려놓았을 때, 우리는 삶의 모든 순간에서 평화와 자유를 느끼게 됩니다.

불교는 번뇌를 무지, 탐욕, 분노의 세 가지로 설명하며, 이를 '삼독(三毒)'이라 부릅니다. 삼독은 우리 내면에서 욕망을 자극하고, 고통과 갈등을 만들어내는 원인입니다. 해탈의 길을 걷기 위해서는 이 번뇌의 뿌리를 파악하고, 번뇌를 지혜로 바꾸어가는 과정이 필요합니다. 초기 불교 경전에서는 번뇌가 무지에서 비롯된다고 가르치며, 지혜를 통해 무지와 번뇌를 극복할 수 있다고 설명합니다. 번뇌를 이해하고 다스리는 과정은 해탈의 첫걸음이자 필수적인 단계입니다.

해탈을 이루기 위해서는 무아(無我)와 무상(無)의 깨달음이 필수적입니다. 무아는 자아라는 것이 고정된 실체가 아닌, 변화하는 마음과 신체의 집합이라는 깨달음이며, 무상은 모든 현상이 고정되지 않고 끊임없이 변화하고 사라진다는 인식을 의미합니다. 이 두 가지 깨달음은 집착과 번뇌에서 벗어나 해탈에 이를 수 있는 중요한 열쇠가 됩니다. 이 깨달음을 통해 삶의 집착에서 벗어나고, 모든 현상을 받아들일 수 있는 유연함과 평화를 얻을 수 있다고 봅니다.

해탈의 깨달음을 통해 우리는 외부의 조건에 구애받지 않는 진정한 자유로 나아갈 수 있습니다. 초기 불교 경전에서는 마음의 평화와 고요가 가장 깊은 수준에서 자리 잡으면, 외부의 어떤 유혹이나 어려움에도 흔들리지 않는 내면의 힘을 갖게 된다고 설명합니다. 이는 '비우는 삶'으로, 무엇에도 집착하지 않으며 순간을 고요하게 경험할 수 있는 상태입니다. 진정한 자유는 해탈에 도달한 이후에도 계속해서 유지되며, 삶의 모든 상황을 있는 그대로 수용하는 힘을 제공하게 됩니다.

불교에서 자비심은 해탈의 중요한 요소로, 타인의 고통을 자신의 고통으로 받아들이고 함께 고통에서 벗어날 수 있는 길을 찾는 것을 의미합니다. 자비를 통해 우리는 개인의 경계를 넘어서고, 모든 존재와 하나가 되는 경험을 할 수 있습니다. 초기 불교에서는 자비가 곧 깨달음의 실천이며, 자비와 연민을 통해 해탈에 이를 수 있다고 강조합니다.

불교는 자비와 연민을 통해 스스로의 번뇌와 고통을 줄일 수 있다고 가르칩니다. 연민은 타인과의 경계를 허물고, 그들이 겪는 고통을 진심으로 이해하고 돕는 마음입니다. 연민을 통해 고통 속에서도 고요함을 유지할 수 있으며, 자신의 욕망과 집착을 내려놓게 됩니다. 이 과정은 자아와 타인을 넘어서며, 모든 생명과 함께 나아가는 중요한 과정입니다.

불교는 해탈에 이르는 길이 중도(中道)라고 설명하며, 쾌락과 금욕의 극단을 초월하여 균형을 이루는 길을 가르칩니다. 초기 불교에서 부처님은 극단적 쾌락과 엄격한 고행 모두가 깨달음에 이르는 데 적합하지 않다고 판단하고, 그 중간을 찾는 중도의 길을 제시하였습니다. 중도는 마음의 균형을 유지하며 외부 상황에 좌우되지 않는 길로, 이를 통해 우리는 해탈에 다가갈 수 있습니다.

해탈은 단순히 삶의 고통을 넘어서, 생사의 윤회를 벗어나는 궁극적 자유를 의미합니다. 불교에서는 무지와 집착이 끊어지면 더 이상 윤회의 고리를 이어가지 않고, 삶과 죽음의 경계를 초월한 상태에 도달한다고 설명합니다. 생사윤회에서 벗어난 존재는 고통과 두려움이 없는 평온한 상태에 머물며, 더 이상 삶과 죽음에 얽매이지 않는 참된 자유를 얻습니다.

부처님께서 제자들과 함께 한 마을을 지나고 있을 때의 일입니다. 마을에는 부처님을 따르지 않고 불교를 비난하는 여인이 있었습니다. 그 여인은 부처님을 볼 때마다 큰 소리로 비난하며 잔소리를 해댔습니다. 부처님이 지나갈 때마다 쫓아다니며 온갖 험한 말을 퍼부으며 끊임없이 부처님의 인내심을 시험했습니다.

제자들은 참다못해 여인에게 항의하려 했지만, 부처님은 그들을 말리며 담담한 얼굴로 잔소리를 들었습니다. 하루는 제자 중 한 명이

용기를 내어 물었습니다.

"부처님, 왜 저 여인의 잔소리를 듣고만 계십니까? 저희가 막아드리겠습니다!"

그러자 부처님은 웃으며 제자들에게 물었습니다.

"누군가가 너희에게 선물을 가져왔는데, 그것을 받지 않으면 그 선물은 누구의 것이 되느냐?"

제자들은 당황하며 답했습니다.

"당연히 그것은 선물을 가져온 사람의 것입니다."

부처님이 말씀하셨습니다.

"그렇다. 저 여인이 나에게 온갖 비난과 잔소리를 선물로 주려 하지만, 내가 그것을 받지 않는다면 그 잔소리는 누구의 것이겠느냐?"

제자들은 부처님의 말에 크게 깨달았습니다. 부처님은 여인의 잔소리를 자신의 마음에 받아들이지 않았기 때문에 어떤 비난에도 흔들리지 않았던 것이었습니다. 여인은 결국 자신의 비난과 잔소리가 부처님에게 아무런 영향을 미치지 않는다는 것을 깨닫고 더 이상 부처님을 괴롭히지 않게 되었습니다.

이 이야기는 타인의 부정적인 말이나 행동에 집착하지 않고, 마음의 평온을 유지하는 것이 해탈의 길이라는 교훈을 전해줍니다. 부처님의 지혜로운 대답은 마음의 평화를 유지하는 방법을 보여주며, 외부의 비난을 받아들이지 않는 내면의 자유를 상징적으로 보여줍니다.

옛날 한 수행자가 있었습니다. 그는 깨달음을 얻기 위해 오랜 세월 동안 수행을 했지만, 마음속 번뇌와 집착에서 벗어나지 못해 괴로워했습니다. 어느 날 수행자는 깊은 고민에 빠져 스승을 찾아가 이렇게 말했습니다.

"스승님, 저는 마음을 비우고 집착을 내려놓으려 노력하지만, 번뇌가 사라지지 않습니다. 어떻게 해야 완전한 해탈을 이룰 수 있을까요?"

스승은 하늘을 가리키며 말했습니다. "저 하늘을 보거라. 하늘은 항상 맑고 넓으며 아무것에도 얽매이지 않지. 하지만 때로는 구름이 나타나 하늘을 가리기도 하고, 비바람이 몰아쳐서 어두워 보일 때도 있지. 그렇다고 하늘이 본래의 성질을 잃는 것은 아니란다." 수행자는 스승의 말에 잠시 생각에 잠겼지만, 여전히 그 뜻을 이해하지 못했습니다.

스승은 이어서 설명했습니다. "구름은 너의 번뇌와 집착이요. 그 구름이 하늘을 잠시 가릴 수는 있지만, 하늘 본연의 모습은 변하지 않지. 네 마음 또한 원래는 맑고 평화로우며, 모든 번뇌와 집착을 초월한 본질을 가지고 있단다. 구름이 흩어지기를 기다리듯, 너의 집착과 번뇌를 흘려보내라. 마음이 본래의 고요와 평화를 되찾으면, 그것이 곧 해탈의 순간이니라."

스승의 말을 듣고 수행자는 마음이 번뇌로 인해 어지러울 때마다, 그것이 구름처럼 지나가는 것에 불과하다는 사실을 깨닫기 시작했습니다. 그는 더 이상 번뇌에 집착하지 않고, 그것이 사라지도록 그냥 두는 연습을 했습니다. 마침내 그는 모든 번뇌와 집착에서 벗어나 마음의 맑고 고요한 본질을 깨닫게 되었습니다.

그는 자신이 늘 그 자리에 있었던 하늘과 같다는 것을 깨달았습니다. 이제 더 이상 번뇌나 집착에 얽매이지 않고, 마음의 완전한 해탈을 누리며 평온하게 살아가게 되었습니다.

이 설화는 번뇌와 집착이 일시적인 구름과 같으며, 그것이 본래의 마음을 바꿀 수 없다는 것을 가르쳐 줍니다. 마음속 번뇌를 흘려보내고 고요와 평화를 찾는 것이야말로 삶의 완전한 해탈에 이르는 길임을 이야기합니다. 구름처럼 지나가는 집착을 내려놓을 때, 마음은 본래의 자유와 평온을 되찾게 됩니다.

# 도(道)와 과(果)

　불교에서 네 가지 도(道)의 지혜가 있으며 각각 수다원도, 사다함
도, 아나함도, 아라한도의 지혜가 있다고 설명합니다. 이는 수행의 단
계마다 특정 지혜가 함께 발생하며, 그 결과로 과위에 도달함을 나타
냅니다. 도의 지혜와 과의 지혜는 깨달음의 과정에서 단계적으로 나타
나는 것으로, 각 도위에서 특정 지혜가 성숙하면 이에 해당하는 과위
를 얻습니다.

　수다원도(須陀洹道)의 지혜 수다원도는 초심자가 첫 깨달음을
얻고, 탐욕, 분노, 어리석음의 뿌리를 약화시키는 단계입니다. 과의 지
혜 수다원과(須陀洹果), 즉 첫째 과위에 해당하며, 이는 '흐름에 들어가
는 자'라는 의미입니다. 수다원과를 얻으면 더 이상 삼악도에 떨어지
지 않는다고 합니다.　수다원(須陀洹)은 산스크리트어에서 유래하며,

수다원은 "네 가지 도의 지혜" 중 첫 단계에서 불법에 대한 확고한 믿음을 확립하고, 윤회 속에서 더 이상 삼악도(지옥, 아귀, 축생)에 떨어지지 않는 것으로 여겨집니다. 다만 인간 세상과 천상에 일곱 번 태어난 후 해탈에 이를 것이라고 설명됩니다. 예류자(預流者)는 '미리 성스러운 흐름에 들어간 사람' 이라는 뜻 입니다.

사리불은 원래 불교도가 아닌 바라문 집안에서 태어나, 친구 목건련과 함께 끊임없이 진리를 탐구하던 청년이었습니다. 두 사람은 진리의 길을 찾기 위해 많은 스승을 찾아다녔으나 만족을 얻지 못하고, 진리를 찾으면 서로에게 알리기로 약속합니다. 그러던 중 사리불은 거리에서 아사지 존자라는 승려를 만납니다.

아사지 존자는 부처님의 제자 중 한 사람으로, 사리불은 그를 보고 깊은 인상을 받게 됩니다. 아사지 존자의 평온하고 고요한 모습에 감탄한 사리불은 그가 섬기는 스승이 누구이며 어떤 가르침을 따르고 있는지 물었습니다. 이에 아사지 존자는 간단히 말합니다. "모든 것은 원인에 의해 생겨나고 원인에 의해 소멸된다."

이 말을 들은 사리불은 큰 깨달음을 얻고, 바로 수다원의 경지에 도달했다고 합니다. 그 뒤 그는 곧바로 친구 목건련에게 찾아가 이 법문을 전했고, 목건련 또한 이를 듣고 수다원을 증득하게 됩니다. 이후 두 사람은 함께 부처님을 찾아가 출가하고, 마침내 아라한의 경지까지 이르게 됩니다.

사다함도(斯陀含道)의 지혜 사다함도는 수다원과를 넘어서 탐욕과 분노를 더욱 줄여가는 단계로, 수행의 진전이 더 깊어집니다. 과의 지혜 사다함과(斯陀含果)로, 이는 두 번째 과위에 해당하며, '한 번 돌아오는 자'라는 뜻입니다. 이는 윤회에서 단 한 번만 더 생사를 경험한 후 해탈에 이르게 된다는 의미입니다. 사다함(斯陀含)과 일래자(一來者)는 모두 불교의 사과(四果) 중 두 번째 깨달음의 경지를 나타내며, 이는 초기 불교의 네 가지 성스러운 단계 중 두 번째 경지입니다. 사다함은 산스크리트어에서 유래하며, "한 번 돌아오는 자"라는 의미입니다. 이 단계에 도달하면 번뇌가 크게 줄어들어 윤회할 필요가 거의 없어지지만, 한 번은 인간 세상에 다시 태어나야 한다고 여겨집니다. 사다함에 도달한 이는 탐욕과 성냄(분노)이 더욱 약화되어, 수행을 통해 욕망과 애착에서 상당히 벗어난 상태에 있습니다.

푸나는 수행과 진리를 향한 열정이 강한 젊은이였습니다. 그는 부처님의 가르침을 듣고 출가하여 계율을 지키며 깊이 있는 수행을 계속하였습니다. 그러나 푸나는 자신의 고향으로 돌아가 중생들을 교화하고자 하는 소원을 품게 되었고, 부처님을 찾아가 조언을 구했습니다.

부처님께서 말씀하시길, "너의 고향은 거친 곳이고, 사람들이 매우 성격이 급한 곳이라 들었다. 그들이 너를 비난하거나 모욕한다면 어떻게 할 것이냐?"

푸나는 담담하게 답했습니다. "저는 그들이 저를 비난하고 모욕한다면 다행이라고 생각하겠습니다. 비난을 넘어 저를 해치지 않는 것만으로도 감사합니다."

부처님은 푸나의 이러한 자비와 인내심을 칭찬하며, 그가 모든 고난을 이겨낼 수 있을 것임을 확신하셨습니다. 푸나는 고향으로 돌아가 부처님의 가르침을 전하는 데 힘썼으며, 결국 사다함의 경지에 도달하여 사다함(일래자)이 되었습니다. 이는 욕망과 성냄이 약해지고 더욱 깊은 평정심과 자비심을 지닌 경지를 나타내며, 푸나는 이러한 수행을 통해 마지막 한 번만 인간 세상에 태어나는 과보를 받게 될 수 있었습니다.

푸나의 이야기는 사다함의 특성을 잘 보여줍니다. 사다함의 경지에 오른 자는 욕망과 성냄의 뿌리가 크게 약화되어 이러한 상황 속에서도 분노나 집착에 휘둘리지 않으며, 모든 생명에 대한 자비심과 평정심을 유지할 수 있는 힘을 지니게 됩니다.

**아나함도(阿那含道)의 지혜** 아나함도는 사다함과를 넘어서 탐욕과 분노의 뿌리가 더 깊이 제거되는 단계입니다. 과의 지혜 아나함과(阿那含果), 즉 세 번째 과위에 해당하며, '다시 돌아오지 않는 자'라는 의미입니다. 이는 다음 생에서 더 이상 인간 세상에 태어나지 않고, 고귀한 수행 세계에서 깨달음을 이룰 수 있음을 뜻합니다. 아나함(阿那含)과 불환자(不還者)는 불교에서 깨달음의 네 가지 경지(四果) 중 세 번째 단계에 해당하며, 이들은 동일한 깨달음의 경지로 여겨지지만, 아나함은 산스크리트어에서 유래하며, "다시 돌아오지 않는 자"라는 뜻입니다. 아나함의 깨달음을 얻은 수행자는 색계(色界) 정거천에 태어나 수행을 완성한다고 전해집니다. 결론적으로 아나함은 산스크리트어 이며, 불환자는 한자의 차이라고 생각하시면 됩니다.

카티야나는 부처님의 열성적인 제자로, 언제나 진리를 탐구하고 자신의 마음을 깨끗이 다스리는 데 전념했습니다. 부처님께서 여러 지역을 순례하며 가르침을 전하실 때, 카티야나는 부처님의 곁을 지키며 항상 보필하였고, 무소유와 무욕의 길을 실천했습니다. 그러나 그의 마음속에는 여전히 미세한 집착과 욕망의 흔적이 남아 있었습니다.

어느 날, 카티야나는 부처님께 자신의 수행에 대한 답답함을 털어놓았습니다. 그는 부처님께 물었습니다. "세존이시여, 저는 마음속의 집착과 욕망을 버리기 위해 노력해왔지만, 여전히 마음이 완전히 고요하지 않습니다. 진정한 해탈과 아나함의 경지에 이르려면 어떻게 해야 합니까?"

부처님은 카티야나를 조용히 바라보며 말씀하셨습니다. "카티야나야, 너의 마음을 거울처럼 비추어 보아라. 거울은 스스로 무엇에도 집착하지 않으면서 모든 것을 비추지. 마음도 이와 같아서, 모든 것을 있는 그대로 비추되, 그 무엇에도 얽매이지 않아야 한다."

카티야나는 부처님의 가르침을 깊이 새기고, 자신의 마음을 거울처럼 비추는 연습을 시작했습니다. 그는 매일의 수행을 통해 자신이 가진 모든 집착과 욕망을 하나하나 내려놓았습니다. 그 과정에서 마음속에 남아 있던 미세한 성냄과 애착의 뿌리를 발견하게 되었고, 이를 흘려보내는 법을 배우게 되었습니다.

시간이 흐르자 그의 마음은 더 이상 욕망이나 번뇌에 흔들리지 않게 되었고, 모든 것에 대한 집착이 완전히 사라지게 되었습니다. 그는 더 이상 인간계로 돌아올 필요가 없는, 다시 돌아오지 않는 자(아나함)의 경지에 이르게 되었습니다. 카티야나는 부처님의 곁에서 수행을 완성하며, 그날 이후로 모든 번뇌에서 벗어난 마음의 평화를 누리게 되었습니다.

카티야나의 이야기는 욕망과 성냄을 모두 초월하고 진정한 아나함의 깨달음을 얻은 사례로, 그의 삶은 후대에 아나함의 이상적인 상징으로 전해지게 되었습니다.

이 이야기는 마음을 거울처럼 고요하게 다스리며 모든 욕망과 집착을 내려놓는 것이 아나함의 경지에 이르는 길임을 가르칩니다. 카티야나는 부처님의 가르침을 따라 마음속 번뇌를 완전히 제거함으로써 다시는 인간계에 태어나지 않아도 되는 깨달음의 경지에 도달하게 되었습니다.

아라한도(阿羅漢道)의 지혜 모든 번뇌가 완전히 소멸된 상태로, 깨달음의 최고 경지입니다. 과의 지혜 아라한과(阿羅漢果), 즉 네 번째 과위에 해당하며, 이는 완전한 깨달음을 이룬 성자의 경지입니다. 아라한과를 얻으면 윤회의 고통에서 완전히 벗어나 열반에 듭니다. 이처럼 도와 과의 지혜는 서로 상응하며, 수행자가 각 도의 단계에서 얻는 지혜에 따라 이에 해당하는 과위가 발생해 깨달음의 완성에 이르게 됩니다. 아라한이 되면, 수행을 통해 신통력을 얻어 특정한 초인적 능력을 발휘할 수 있다고 여겨집니다. 대표적인 능력으로는 숙명통(宿命

通), 천안통(天眼通), 천이통(天耳通) 등이 있으며, 이는 깨달음과 더불어 얻는 지혜와 지각의 확장으로 여겨집니다.

부처님께서 쿠시나가라의 사라쌍수 아래에서 열반에 들기 직전, 많은 제자들이 그 곁을 지키고 있었습니다. 부처님의 마지막 순간을 함께 하고자 많은 사람들이 찾아왔지만, 부처님을 편히 쉬게 하려는 제자들이 외부인 들의 접근을 막고 있었습니다.

그때 한 노인인 수바다가 멀리서 부처님을 찾아왔습니다. 그는 평생 진리를 찾기 위해 많은 스승을 만나 보았으나, 마음속 의문이 풀리지 않아 깊은 갈증과 의구심을 안고 있었습니다. 수바다는 부처님께 자신의 의문을 풀고자 했으나, 제자들은 부처님의 마지막 순간을 방해하지 않기 위해 그의 접근을 막았습니다.

그러나 수바다는 부처님을 뵙고자 하는 간절한 마음으로 아난다에게 간청했습니다. "아난다여, 제발 부처님을 뵙게 해주십시오. 저는 평생 동안 진리를 찾고자 했지만 여전히 갈증이 가시지 않습니다. 부처님께서 열반에 드시기 전에 진리를 배우고자 하오니 저를 막지 말아주십시오."

아난다는 마침내 부처님께 수바다의 방문을 허락해 줄 것을 청했습니다. 부처님은 그의 간절함을 이해하시고, 수바다를 만나주기로 하셨습니다.

수바다는 부처님을 뵙자마자 자신의 마음속 의문을 토로했습니다. 그는 진리란 무엇인지, 어떻게 마음의 평화를 찾을 수 있는지를 부처님께 물었습니다. 부처님은 고요한 미소를 지으며 그에게 말씀하셨습니다. "수바다여, 참된 진리는 외부에서 얻어지는 것이 아니라 내면에서 발견되는 것이네. 모든 집착과 번뇌를 내려놓고 내면을 고요히 비추어라. 그러면 참된 자아와 진리가 무엇인지 깨닫게 될 것이네."

부처님의 마지막 가르침을 듣고 깊은 깨달음을 얻은 수바다는 그 자리에서 불법에 귀의하며 부처님의 가르침을 따르기로 결심했습니다. 그는 비구가 되어 정진의 길을 걸었고, 부처님의 마지막 가르침을 마음에 새기며 끊임없이 수행에 매진했습니다. 결국 수바다는 모든 번뇌와 집착에서 벗어나 아라한의 경지에 도달하게 되었습니다.

부처님께서 마지막으로 남긴 가르침은 수바다의 마음속에 영원히 살아남았고, 그는 부처님의 진리를 전하는 훌륭한 수행자가 되었습니다. 부처님의 마지막 순간에 들은 그 말씀은 그의 평생을 이끄는 지침이 되었으며, 수바다는 모든 사람들에게 진리는 내면의 고요함 속에서 발견된다는 것을 전하며 살아갔습니다.

이 이야기는 부처님께서 열반에 드시기 직전까지 진리를 전하고자 했던 마지막 순간을 담고 있으며, 수바다가 부처님의 가르침을 통해 참된 깨달음의 길을 찾게 된 과정을 보여줍니다. 부처님의 마지막 가르침을 통해 수바다는 내면의 평화를 찾았고, 아라한의 경지에 도달하며 불법의 진리를 실천하는 수행자가 되었습니다.

수바다의 이야기는 깨달음의 길이 나이나 상황에 구애받지 않으며, 끝까지 진리를 찾고자 하는 자에게 열려 있다는 것을 보여줍니다.

또한 부처님의 자비는 열반 직전까지도 모든 이에게 전해졌으며, 마지막 순간까지도 제자를 깨달음으로 이끈다는 것을 상징합니다.

즐겁고 괴롭고 화나고 슬픈 것들은 내 스스로가 만든 것이다. 밖에서 어떤 자극이 가해진다 해도, 그것을 받아들이는 생각에 따라 즐거움과 괴로움이 만들어진다. 같은 물이라도 물고기는 자신의 집이라 생각하고, 염소는 빠져 죽을까 겁내며, 목마른 이는 생명수로 여기고, 천상의 신들은 거울처럼 바라보듯이, 같은 것도 보는 입장에 따라 이처럼 달라지는구나.

분수라는 것은 자신의 자리를 아는 것이다. 자신의 자리란 내가 이 자리에서 있을지 한발자국 뒤로 물러설지 아니면 한발자국 앞으로 나갈지를 잘 아는 사람이다. 이 분수를 잘 아는 사람은 미움 받는 일은 없다. 대인관계에 있어서 분수를 아는 것은 아주 큰 힘이요 무기인 것이다. 이 힘인 무기를 잘 적절하게 조절하여 나와 상대의 거리 조절을 잘 할 수 있다면 정말 현명한 사람이다.

- 12연기의 순환 구조
- 무명(無明) 연기의 사슬
- 행(行) 행동이 미래를 결정
- 식(識) 인식의 세계
- 명색(名色) 인식과 경험
- 육입(六入) 감각기관과 마음의 작용
- 촉(觸) 감각과 마음의 접촉
- 수(受) 감각에 대한 반응
- 애(愛) 갈애와 욕망의 고통
- 취(取) 취착의 본질
- 유(有) 존재의 씨앗
- 생(生) 탄생이 주는 기쁨과 슬픔
- 노사(老死) 늙음과 죽음

# 3장

## 12연기의 해체

# 12연기의 순환 구조

불교에서는 세상 모든 존재와 현상이 서로 의존하여 발생하고 사라진다고 가르칩니다. 이 법칙을 "연기(緣起)"라고 부르며, "이것이 있으므로 저것이 있다"는 논리를 통해 우리가 겪는 모든 일을 설명합니다. 연기법은 모든 것이 원인과 조건에 의해 생겨나며, 그 조건이 사라지면 함께 소멸한다고 말합니다. 연기법을 깊이 이해하는 것은 우리의 괴로움을 줄이고 해탈에 이르는 길입니다.

연기의 중요한 가르침 중 하나가 12연기(十二因緣)입니다. 12연기는 우리가 왜 윤회의 고통을 반복하는지 설명하며, 이를 깨달음으로써 고통에서 벗어날 수 있는 길을 보여줍니다.

12연기의 순환 구조는 아래와 같이 전개되니 외우시면 일상생활과 수행에 도움이 됩니다.

무명(無明): 12연기의 첫 번째 고리는 무지(無知)입니다. 무명은 세상의 진리와 본질을 알지 못하는 상태로, 우리의 잘못된 인식과 집착의 씨앗이 됩니다. 무명이 모든 고통과 번뇌의 근원이기 때문에 깨닫는 것이 중요합니다.

행(行): 무명으로 인해 두 번째 고리인 행이 생깁니다. 이는 무의식적이고 습관적인 행동으로, 우리의 과거 업(業)이 현재의 조건으로 작용해 모든 행동을 이끌어냅니다.

식(識): 행이 쌓여 의식인 식이 형성됩니다. 식은 우리가 세상을 인식하는 방식으로, 왜곡된 시각과 생각을 만듭니다.

명색(名色): 식으로 인해 명색, 즉 정신과 물질이 결합된 자아가 생깁니다. 명은 마음의 요소, 색은 육체의 요소를 의미합니다. 이 둘이 결합해 우리가 느끼는 자아를 만듭니다.

육입(六入): 명색으로 인해 감각 기관인 육입이 생겨납니다. 이는 시각, 청각, 후각, 미각, 촉각, 의식의 여섯 가지 감각으로, 우리가 외부 세계와 연결될 준비를 합니다.

촉(觸): 감각 기관이 외부 대상과 접촉하는 단계입니다. 이를 통해 우리는 외부 세계를 느끼고 경험합니다.

수(受): 촉의 결과로 느낌인 수가 생깁니다. 이는 즐거운 느낌, 불쾌한 느낌, 중립적인 느낌으로 나뉩니다.

애(愛): 느낌에 따라 애, 즉 갈망과 집착이 생깁니다. 우리는 즐거운 것을 원하고, 불쾌한 것을 피하려 합니다.

취(取): 애가 커지면 취, 즉 강한 집착이 생깁니다. 우리는 물질적, 감정적, 정신적인 대상에 강하게 집착하게 됩니다.

유(有): 취로 인해 존재 상태인 유가 형성됩니다. 이는 다시 태어날 수 있는 조건이 마련된다는 뜻입니다.

생(生): 유에 의해 새로운 생명이 태어나는 단계입니다. 이로 인해 윤회의 고리가 이어집니다.

노사(老死): 마지막 단계는 노화와 죽음입니다. 생명이 태어난 이상, 우리는 결국 늙고 병들며 죽음을 맞이하게 됩니다. 이렇게 윤회의 고리는 다시 시작됩니다.

연기법은 단순한 철학이 아니라, 우리의 괴로움을 해소하기 위한 실천적인 방법을 제시합니다. 무명에서 벗어나기 위해서는 다음과 같은 수행이 필요합니다.

지혜를 구하라 : 무지는 모든 고통의 근본 원인입니다. 따라서 올바른 진리를 배우고 이해하는 것이 중요합니다.

명상과 성찰 : 자신의 내면을 깊이 들여다보며 잘못된 인식을 통찰하고, 그 뿌리를 발견해야 합니다.

자비를 실천하라 : 자신과 다른 사람에게 자비심을 키우면 고통이 줄어들고, 더 큰 이해와 사랑이 생깁니다.

# 무명(無明) 연기의 사슬

　중생들은 무명 때문에 끊임없이 생사의 고통을 반복하지만, 성인은 깨달음을 얻었기에 생사의 굴레에서 벗어날 수 있었습니다. 무명이란 환상이며 착각입니다. 우리는 그 환상을 진실로 여기고 감각적 즐거움에 사로잡혀 스스로를 잃어버립니다. 마치 어린아이가 장난감에 도취해 위험한 도로로 들어가는 모습을 보며 어른들이 깜짝 놀라듯, 부처님께서는 우리가 오욕락(五慾樂)에 빠져 욕망의 구렁텅이 속으로 들어가는 모습을 보시고 간절히 부르십니다. "무명에서 벗어나라"라고 말씀하신 이유가 여기에 있습니다.

　어느 날 한 마을에서, 아이가 숲속으로 들어갔다가 호랑이를 만났습니다. 아이는 겁에 질렸으나, 호랑이는 부드럽게 말을 걸며 아이를 안심시켰습니다. 호랑이는 아이에게 신비한 보석과 장난감을 보여주며 점점 더 깊은 숲속으로 유혹했습니다. 결국 아이는 호랑이의 품에 안겼고, 더 깊은 위험에 처하게 되었습니다. 이처럼, 우리 중생은 무명의 호랑이에게 유혹당해 스스로 위태로운 욕망의 구렁텅이로 들어가게 됩니다.

"연습이 대가를 만든다." 말처럼, 알지 못하는 세계에서는 반복만이 깨달음에 이르는 유일한 길입니다. 어렵다고 포기하지 않고 작은 것부터 익히며 수행하는 마음이 필요합니다. 선지식을 만나지 못했다면, 책을 통해서라도 배움을 이어가야 합니다. 과거에 무명 속에서 태어나 무명 속에 생을 마쳤다면, 다시 무지한 삶을 반복하게 될 것입니다. 이렇게 무명은 끝없이 이어지는 윤회의 고리입니다. 이 무명을 의지해 생겨나는 행이 바로 업장입니다.

옛날, 한 장인이 칼을 만들었지만 처음에는 날이 무뎠습니다. 그는 칼을 갈고 또 갈며 오랜 시간 매일 수백 번씩 칼날을 단련했습니다. 시간이 흐르자 칼은 날카로워졌고, 결코 부러지지 않는 단단한 무기가 되었습니다. 우리 마음의 수행도 이와 같습니다. 매일 무명을 벗어나기 위해 연습하고 갈고 닦는 시간이 쌓여야 비로소 윤회의 사슬을 끊고 깨달음을 향해 나아갈 수 있습니다.

무명은 모든 문제의 시발점입니다. 이를 바람에 비유할 수 있습니다. 고요한 바다에 바람이 불면 파도가 치고, 산속에 바람이 불면 나뭇가지가 흔들리며, 잔잔한 구름이 바람에 흩어지듯, 무명에 의해 우리의 마음과 행위도 흔들리고 변화합니다. 문득 서울을 떠올리면 여러 장소와 상황이 머릿속에 떠오르게 됩니다. 이것이 바로 무명이 만들어 내는 행의 작용입니다.

어느 산골짜기에 사는 한 농부가 있었습니다. 그는 산 위의 바위에 앉아있는 사자를 보고 겁에 질렸습니다. 사자가 그를 잡아먹을까 봐 두려웠던 것입니다. 하지만 가까이 가 보니 그가 본 것은 사실 바위 위에 드리운 사자의 그림자일 뿐, 진짜 사자는 없었습니다. 이렇게 무명에 의해 생긴 두려움과 잘못된 생각이 실제 하지 않는 고통을 만들어 냅니다.

12연기의 시작과 끝은 찰나 속에서 이루어집니다. 우리는 깨닫지 못해 이 법칙을 하나씩 분리하여 생각하려 하지만, 본래 찰나 속에서 동시에 일어나는 것입니다. 단어 하나에 집착하고 말 한마디에 매달리는 우리의 습성으로 인해, 우리는 깨달음을 방해하는 고통의 삶을 살고 있습니다.

흐르는 강물 속에 잠긴 돌을 보면 돌은 물과 따로 존재하는 것 같지만, 실제로는 물의 흐름에 따라 돌도 함께 움직입니다. 돌과 물의 관계처럼 12연기도 결코 따로 떨어져 있는 것이 아니라 하나의 흐름 속에서 순간순간에 따라 다르게 나타납니다. 이렇듯 찰나 속에서 우리는 끊임없이 연기를 경험하게 됩니다.

사람이 윤회를 반복하며 존재하는 이유는 무명과 갈애 때문입니다. 무명은 모르는 마음이고, 갈애는 바라는 마음입니다. 무지와 갈망이 인간의 악행과 집착을 만들어내며, 사람들은 이를 수레에 비유해 설명합니다. 무명의 노인이 수레를 끌고 갈애의 집착들이 밀어주는 모양새로, 이러한 어리석음은 끝없이 반복됩니다.

어떤 사람이 불에 타지 않는 집을 찾고자 했습니다. 그는 수많은 집을 떠돌며 불타지 않는 곳을 찾으려 했지만, 모든 집은 결국 불에 타고 말았습니다. 갈애와 무명에 사로잡힌 채 윤회를 벗어나지 못한 우리의 모습이 바로 이 사람과 같습니다. 무지와 욕망을 버리지 않는 한 우리는 불타지 않는 집을 찾을 수 없습니다.

무명에서 비롯된 행과 업연으로 인해 우리는 생로병사의 고통을 겪게 됩니다. 부처님의 가르침에 의지해 무명을 없애고 행이 사라질 때, 모든 고통이 사라지는 열반에 도달하게 됩니다. 열반은 단순한 죽음이 아니라, 불이 꺼지듯 모든 욕망과 집착이 소멸된 상태를 뜻합니다. 열반은 머릿속의 분별심과 번뇌, 집착의 불꽃이 완전히 사라진 상태입니다. 불자의 모든 수행과 염불의 궁극적인 목표는 바로 이 열반에 있습니다.

우리가 갖고 있는 분별심과 번뇌는 마치 바람 앞의 촛불과 같습니다. 바람이 불면 불꽃이 흔들리듯, 번뇌가 일어나는 마음에 평온이 사라집니다. 열반은 바람이 멈추어 촛불이 조용히 꺼진 상태처럼, 우리의 모든 욕망과 집착이 사라져 마음이 평온해진 상태를 의미합니다.

# 행(行) 행동이 미래를 결정

불교에서는 "무명"을 모든 고통의 근원으로 봅니다. 무명은 세상의 진리와 본질을 알지 못하는 무지(無知)를 의미합니다. 이는 사물과 현상을 있는 그대로 보지 못하게 하며, 왜곡된 인식을 만들어냅니다. 이러한 잘못된 인식은 우리의 행동, 즉 "행(行)"을 일으킵니다. "행"이란 몸, 말, 그리고 마음을 통해 나타나는 모든 행위를 말합니다. 이러한 행위는 단순히 한 순간에 끝나는 것이 아니라, 우리 삶에 깊은 영향을 미치고 미래를 형성하는 주요 요인으로 작용합니다.

행은 무명에서 비롯되기 때문에, 대부분은 맹목적이고 무의식적인 경우가 많습니다. 무명에 사로잡힌 상태에서는 우리가 하는 행동이 불필요한 고통과 갈등을 초래할 수 있습니다. 살생, 도둑질, 부적절한 성행위와 같은 몸으로 행하는 행동은 타인에게 직접적인 해를 끼칠 뿐만 아니라, 자신에게도 나쁜 결과를 가져옵니다. 마찬가지로, 거짓말, 이간질, 거친 말, 부드럽게 속이는 말과 같은 언어의 행위는 다른 사람들과의 관계를 손상시키고 사회적 신뢰를 무너뜨립니다. 마음속에서 일어나는 탐욕, 질투, 성냄 또한 우리의 내면을 혼란스럽게 하며, 결국 몸과 말로 나타나 행동을 왜곡시킵니다.

불교는 모든 행위가 결과를 초래한다고 가르칩니다. 이는 원인과 결과의 법칙에 따른 것으로, 우리가 하는 행위는 우리의 삶과 미래에 영향을 미칩니다. 긍정적이고 자비로운 행위는 평화와 행복을 가져오지만, 부정적이고 해로운 행위는 고통과 불안을 초래합니다. 이처럼 행은 단순히 개인적인 차원에 머물지 않고, 가족, 사회, 나아가 세상 전체에 영향을 미칩니다.

불교에서는 삶과 죽음을 단절된 것으로 보지 않습니다. 우리의 행위는 삶을 넘어 죽음 이후에도 영향을 미치며, 이는 육도윤회(六道輪廻)의 근간이 됩니다. 육도윤회는 우리가 어떠한 행위를 했느냐에 따라 천상, 인간, 아수라, 축생, 아귀, 지옥이라는 여섯 가지 세계에서 이어집니다. 설령 천상에 태어난다고 하더라도, 무명의 굴레에서 벗어나지 못하면 다시 윤회를 반복하게 됩니다. 행은 단순한 행동이 아니라, 우리의 존재를 결정짓는 중요한 요소입니다.

행을 변화시키는 것은 삶의 방향을 바꾸는 첫걸음입니다. 무명에서 벗어나기 위해서는 먼저 자신의 행동을 성찰하고, 그것이 진정으로 옳고 자비로운지를 판단해야 합니다. 몸으로는 생명을 보호하고, 정직하며, 남을 존중하는 행동을 해야 합니다. 말로는 진실을 말하고, 타인을 위로하며, 갈등을 줄이는 언어를 사용해야 합니다. 마음으로는 탐욕과 성냄을 내려놓고, 타인의 고통을 공감하며, 올바른 지혜를 키워야 합니다.

행은 우리의 삶을 구성하는 기초이며, 현재의 순간마다 쌓여가는 결과물입니다. 좋은 행은 우리와 타인에게 이로움을 주며, 고통을 줄이는 데 기여합니다. 나쁜 행은 우리의 삶을 혼란스럽게 만들 뿐 아니라, 주변의 평화까지 해칠 수 있습니다. 따라서 우리는 항상 지금 이 순간의 행동이 어떤 결과를 가져올지 숙고해야 합니다.

행을 바꾸기 위해서는 꾸준한 노력이 필요합니다. 마음을 닦고 자비를 실천하며, 올바른 생각과 행동을 유지하는 것은 쉬운 일이 아니지만, 이를 통해 우리는 더 나은 삶을 만들어갈 수 있습니다. 불교에서는 해탈에 이르는 길이 바로 이러한 지속적인 자기 성찰과 행동의 변화에서 비롯된다고 가르칩니다. 행을 바로잡고 현재를 올바르게 살아가는 것은 우리의 미래를 밝게 하고, 고통에서 벗어나 평화를 찾는 길이 됩니다.

인도 코살라 왕국의 파세나디 왕의 왕비였던 말리카 왕비의 조그만 악업이 어떻게 그 열매가 맺혀지는지 이야기 해보겠습니다. 부처님께서 제따와나 승원에 머무실 때의 일입니다. 코살라국의 왕비였던 말리카 왕비께서 세상을 떠나셨습니다. 정말 착하고 선업을 많이 쌓으신 왕비의 죽음에 왕은 크게 슬퍼하며 부처님께 여쭈었습니다. "세존이시여, 우리 왕비가 어디에 태어났는지를 알려주실 수 있습니까?" 부처님께서는 아무런 말씀도 하지 않으시고 여러 날이 지났습니다. 파세나디왕은 왕비가 천상에 태어났을 것이라 확신하며 다시 부처님께 여쭈었습니다. 이때 부처님께서는 말리카 왕비께서 도솔천에 태어나셨다고 말씀하셨습니다. 왕은 "그렇지, 그렇게 착한 왕비가 당연히 천상에 태어났을 것"이라며 기뻐하며 돌아가셨습니다.

부처님의 제자 아난다가 부처님께 여쭈었습니다. "세존이시여, 처음부터 말리카 왕비께서 도솔천에 태어나셨다는 것을 말씀해 주시지 않고 왜 일주일이나 지난 후에 말씀하셨습니까?" 부처님께서는 "아난다야, 말리카 왕비는 생전에 착하고 선업도 많이 쌓고 보시도 많이 하여 바로 도솔천에 태어나셨을 것이다. 그러나 살아생전에 음란한 생각을 한 번 하신 적이 있다. 이 한 번의 불선업이 말리카 왕비를 지옥에서 일주일간 고통 받게 한 것이다"라고 말씀하셨습니다.

우리의 삶을 돌아보면 얼마나 짧고 덧없는지 알 수 있습니다. 부처님의 가르침처럼, 인간으로 태어나는 것은 정말 희귀하고 귀한 일입니다. 이렇게 귀한 삶을 얻었음에도 불구하고, 우리는 그 가치를 잊고 허무하게 시간을 보내곤 합니다. 인간의 삶이란 도솔천의 천인들에게는 잠깐의 순간처럼 짧고, 우리 스스로도 삶의 마지막 순간이 다가왔을 때야 비로소 그 짧음을 깨닫게 됩니다.

말리카 왕비의 이야기가 이를 잘 보여줍니다. 비록 왕비께서 선업(善業)을 많이 쌓고 착한 삶을 살았더라도, 단 한 번의 음란한 생각이 그녀를 일주일간 지옥(地獄)에 떨어지게 했습니다. 이는 우리가 작은 불선업(不善業)이라도 소홀히 하지 않고 조심해야 함을 강조합니다. 수억 생(生)을 거치며 쌓은 선업과 불선업의 무게가 우리의 생을 결정 짓는다는 사실을 잊어서는 안 됩니다.

# 식(識) 인식의 세계

불교에서는 우리가 세상을 인식하는 과정에서 중요한 역할을 하는 것을 "식(識)"이라고 합니다. 식은 우리의 인식 작용을 의미하며, 우리가 경험하는 세계를 구성하는 핵심 요소입니다. 식을 제대로 이해하는 것은 불교 수행과 깨달음의 길에서 매우 중요합니다.

식(識)은 감각 기관과 외부 대상이 만날 때 발생하는 인식 작용입니다. 이를 불교에서는 '삼사화합(三事和合)'이라고 부릅니다. 삼사화합은 감각 기관(눈, 귀, 코, 혀, 몸)과 외부 대상, 그리고 그들이 만나는 접촉으로 이루어집니다. 예를 들어, 눈이 색을 보게 되면 안식(眼識)이 생기고, 귀가 소리를 들으면 이식(耳識)이 생깁니다. 이렇게 우리의 감각 기관이 외부 세계와 접촉할 때마다 각각의 식이 발생해 우리의 인식 과정을 형성합니다.

식(識)이 발생하면 그와 함께 수(受), 상(想), 행(行)이라는 정신 작용들이 일어납니다. 불교에서는 이를 "오온(五蘊)"이라고 부르며, 우리의 몸과 마음을 구성하는 다섯 가지 요소입니다.

색(色): 우리의 몸과 물질적인 요소를 뜻합니다.

수(受): 느낌입니다. 예를 들어, 뜨거운 물체를 만졌을 때 '뜨겁다'고 느끼는 것이 수의 작용입니다.

상(想): 인식입니다. 뜨거운 물체를 보고 '이것은 뜨겁다'고 이해하는 과정입니다.

행(行): 의지적 반응입니다. 뜨거운 물체를 보고 '이것은 위험하다'고 반응하는 과정입니다.

식(識): 대상을 의식적으로 아는 작용입니다. 식은 우리가 외부 세계를 인식할 수 있도록 하는 핵심 역할을 합니다.

이렇게 식(識)은 수, 상, 행과 함께 작용해 우리가 외부 대상을 인식하고 반응하게 만듭니다. 이를 통해 우리는 세상을 단순히 받아들이는 것이 아니라, 다양한 정신적 요소가 결합해 능동적으로 세상을 이해하게 됩니다.

대승불교, 특히 유식에서는 식을 더 깊이 탐구해 팔식 체계를 설명합니다. 팔식은 우리가 세상을 어떻게 인식하는지를 더 정교하게 설명하며, 다음과 같이 나뉩니다.

전오식(前五識): 안식, 이식, 비식, 설식, 신식으로 구성되며, 각각 시각, 청각, 후각, 미각, 촉각에 대한 인식을 담당합니다.

제6의식(意識): 감각적 인식을 종합해 판단하고 생각하는 작용입니다. 예를 들어, 눈과 귀의 정보를 종합해 판단하는 과정입니다.

제7말나식(末那識): 자아 의식입니다. "내가 나다"라고 느끼게 하며, 자아에 대한 집착이 생기는 근원입니다.

제8아뢰야식(阿賴耶識): 모든 경험과 기억이 저장된 근본 식입니다. 우리의 업과 인식의 근원이 되는 무의식적인 저장소 역할을 합니다.

불교는 우리의 인식이 단순한 감각 작용이 아니라, 의식과 무의식의 깊은 층위까지 연결된 복잡한 과정임을 설명합니다. 우리는 집착과 무지로 인해 고통을 겪지만, 팔식 체계를 이해하고 수행을 통해 집착을 내려놓는다면 고통에서 벗어날 수 있습니다.

옛날 어느 마을에 두 형제가 살고 있었습니다. 이 형제는 부모님이 남겨 주신 큰 수레바퀴를 물려받았는데, 이 수레바퀴는 매우 튼튼하고 아름다웠습니다. 형은 이 수레바퀴를 집 앞에 놓고 자신의 것으로 소중히 여겼고, 동생은 형과 함께 수레바퀴를 사용할 수 있기를 원했습니다. 그러나 형은 수레바퀴에 강하게 집착하여 동생이 사용하는 것을 허락하지 않았습니다.

어느 날, 동생이 수레바퀴를 잠시 사용하려 하자 형은 그를 막으려 했고, 두 사람은 수레바퀴를 두고 다투기 시작했습니다. 형은 "이 수레바퀴는 우리에게 소중한 유산이며, 이를 망가뜨릴 수는 없다"고 주장했고, 동생은 "수레바퀴는 함께 쓰기 위해 있는 것"이라고 반박했습니다. 결국 형은 수레바퀴를 지키기 위해 동생과 더 심하게 싸우다가 실수로 수레바퀴를 언덕 아래로 떨어뜨려 깨뜨리고 말았습니다.

수레바퀴가 깨진 것을 본 형은 크게 낙담하며 후회했습니다. 그는 자신의 집착 때문에 수레바퀴도 잃고, 동생과의 사이도 나빠졌음을 깨닫게 되었습니다. 그는 자신이 수레바퀴에 대한 소유욕과 집착에 사로잡혀, 본래 함께 사용할 수 있는 가치를 보지 못했다는 것을 뉘우쳤습니다.

이 이야기는 우리의 인식이 어떻게 집착과 갈등을 불러일으킬 수 있는지를 상징적으로 보여줍니다. 형은 수레바퀴를 소중하게 여긴 나머지, 수레바퀴에 대한 집착을 키우게 되었습니다. 수레바퀴에 대한 형의 집착은 그가 자아를 강화하고 자신의 소유를 지키려는 마음을 키우게 했으며, 결국 동생과의 관계마저 훼손하게 만들었습니다.

불교에서는 인식의 과정에서 생겨나는 집착이 고통의 원인이라고 봅니다. 우리가 세상을 인식할 때, 특정 대상이나 감각적 즐거움에 집착하고 소유하려는 마음이 생기기 쉽습니다. 이러한 집착이 식을 왜곡하고, 인식에 불순물을 섞어 고통과 갈등을 일으킨다고 설명합니다.

형이 수레바퀴를 잃고 후회하며 깨달은 것은, 집착으로 인해 본래 가치와 관계를 잃게 된다는 것입니다. 불교에서는 이를 "무상(無常)"과 "무아(無我)"의 교훈으로 설명하며, 모든 것은 영원하지 않으며, 특정한 것에 대한 집착은 결국 고통과 갈등을 가져오게 된다고 밀합니다.

지혜와 자비를 실천하며, 우리의 인식 작용을 올바르게 바라보는 것이 깨달음에 이르는 길입니다.

# 명색(名色) 인식과 경험

　불교에서는 우리의 존재가 정신적 요소와 물질적 요소의 결합으로 이루어져 있다고 설명합니다. 이것을 "명색(名色)"이라고 부르며, 명은 생각, 감정, 인식과 같은 정신적인 것을, 색은 신체와 외부 세계와 같은 물질적인 것을 뜻합니다. 명과 색은 서로 떨어질 수 없는 관계로, 이 두 요소가 함께 작용해 우리가 세상을 경험하고 인식하게 만듭니다.

　명색은 감각 기관이 외부 대상을 접촉하면서 형성됩니다. 우리의 정신적 인식(명)과 물질적 세계(색)가 서로 만나서 우리의 경험과 인식을 만드는데, 이 과정을 통해 우리는 현실을 바라보고 해석하게 됩니다. 예를 들어, 우리가 어떤 대상을 볼 때, 눈이라는 감각 기관이 그 대상을 인식하고, 이때 우리의 생각과 감정이 결합해 세상에 대한 경험이 생겨납니다.

　명색은 우리가 세상을 인식하는 데 중요한 역할을 하지만, 동시에 고통의 원인이 되기도 합니다. 왜냐하면 우리는 명색을 고정된 실체로 착각하고, 그것에 집착하기 때문입니다. 이러한 집착은 욕망과 불안으로 이어져 우리를 괴롭게 합니다.

　옛날 한 사찰에 소년이 있었습니다. 그는 수행보다는 거울을 보는 것을 더 좋아했습니다. 매일 거울 속에 비친 자신의 모습을 보며 기뻐하거나 슬퍼하곤 했지요. 시간이 지나면서 소년은 점점 거울 속 자신의 모습에 집착하게 되었고, 조금이라도 자신의 모습이 변하면 불안해하고 괴로워했습니다. 더 아름다워지고 싶다는 욕망에 사로잡힌 소년은 점점 더 큰 고통을 느꼈습니다.

　이를 본 큰스님이 소년에게 말했습니다. "네가 보고 있는 거울 속 모습은 그저 잔상일 뿐, 진짜 네 자신이 아니다. 그것은 항상 변하는 것이니, 그 모습에 집착하지 말아야 한다." 소년은 스님의 가르침을 듣고 자신이 헛된 것에 집착하고 있었음을 깨달았습니다. 이후 그는 거울 속 잔상에 더 이상 마음을 빼앗기지 않고, 마음을 가꾸는 수행을 시작했습니다.

　이 이야기에서 거울 속 모습은 우리의 물질적인 세계인 '색'을, 소년의 마음은 정신적인 요소인 '명'을 상징합니다. 이 둘은 서로 영향을 주고받으며 우리의 경험을 만들어내지만, 사실은 모두 변하는 것들입니다. 불교에서는 이 세상 모든 것이 무상(無常)하며, 변하지 않는 것

은 없다고 가르칩니다. 우리가 이 변화를 이해하고 받아들이면, 불안과 집착에서 벗어날 수 있습니다

명색이 우리의 현실을 형성하지만, 그것은 실체가 아닌 일시적인 현상일 뿐입니다. 명색이 끊임없이 변하는 것을 깨닫고 집착을 내려놓는 것이 고통에서 벗어나는 길입니다. 명색의 변화 속에서 무상함을 받아들일 때, 우리는 참된 자아를 발견하고 진정한 평화에 이를 수 있습니다.

불교는 명색이 우리의 인식과 경험을 만들어내는 중요한 요소라고 가르칩니다. 그러나 그것에 집착하지 말고, 명색이 무상하다는 사실을 깨달아야 합니다. 그렇게 할 때 우리는 고통을 내려놓고 진정한 자유와 깨달음을 얻을 수 있습니다.

# 육입(六入) 감각기관과 마음의 작용

불교에서는 우리가 세상을 인식하는 방법을 육입(六入)이라고 설명합니다. 육입은 여섯 가지 감각기관과 그것들이 인식하는 대상을 의미하며, 우리의 경험 세계를 구성하는 기본적인 구조를 나타냅니다. 이를 통해 우리는 세상과 소통하고 관계를 맺습니다. 여섯 가지 감각기관은 각각 눈, 귀, 코, 혀, 몸, 그리고 의식을 포함합니다.

눈은 사물의 형상과 색을 인식하는 기관입니다. 눈을 통해 우리는 세상의 모습을 보고 그것에 대한 정보를 받아들입니다. 귀는 소리를 인식하는 기관으로, 주변의 소리와 음악, 사람의 말소리를 통해 세상을 이해합니다. 코는 냄새를 인식하는 기관으로, 향기나 냄새를 통해 환경에 대한 정보를 제공합니다. 혀는 맛을 인식하는 기관으로, 단맛, 쓴맛, 짠맛 등을 통해 음식과 음료를 경험합니다. 몸은 접촉을 통해 감각을 인식하는 기관으로, 차갑거나 따뜻한 것, 부드럽거나 거친 것과 같은 촉감을 느끼게 합니다. 마지막으로 의식은 생각과 개념을 인식하는 기관으로, 우리의 내면적인 세계와 연결됩니다.

이 여섯 가지 감각기관은 각각 특정한 대상과 접촉할 때 인식을 일으키며, 이를 통해 우리는 세상을 경험합니다. 이러한 경험은 '식(識)', 즉 인식으로 이어지며, 이 과정을 통해 우리는 주변 세계와 상호작용하게 됩니다. 육입은 우리의 경험 세계를 형성하는 기본적인 방법이지만, 동시에 감각기관을 통해 인식한 것들이 집착을 일으킬 수 있는 원인이 되기도 합니다.

예를 들어, 아름다운 것을 보았을 때 눈이 그것에 집착하거나, 듣기 좋은 소리를 들었을 때 귀가 그것을 갈망하게 되는 경우, 우리는 이러한 대상을 고정된 실체로 여기기 쉽습니다. 하지만 불교에서는 세상에 고정된 실체는 없으며, 모든 것은 변화한다고 가르칩니다. 우리의 집착은 무지(無知)에서 비롯된 착각으로, 변하지 않는 영원한 것이 아닌 것을 영원한 것으로 잘못 믿게 되는 것입니다. 이로 인해 즐거움을 기대했던 것이 시간이 지나면 고통의 원인이 되기도 합니다.

불교는 이러한 육입이 집착과 고통의 근원이 될 수 있음을 설명하며, 감각적 경험에 집착하지 않는 연습이 중요하다고 가르칩니다. 우리가 눈, 귀, 코, 혀, 몸, 의식을 통해 경험하는 모든 것은 일시적이고 변화하는 것임을 이해하고, 집착을 내려놓는 노력이 필요합니다. 이러한 수행을 통해 우리는 감각적 경험의 얽매임에서 벗어나 더 큰 자유와 평화를 얻을 수 있습니다.

옛날에 여섯 마리의 모기가 있었습니다. 이 모기들은 각기 다른 감각에 집착하게 되었습니다. 어느 날 이들은 서로의 경험에 대해 이야기하며, 각각의 감각에 매달려 자신의 욕망을 충족시키는 것만이 진정한 즐거움이라 주장했습니다.

첫 번째 모기는 아름다운 꽃밭을 발견하고 그 꽃의 색에 매혹되었습니다. 그는 화려한 꽃밭에 머물며 자신이 보고 있는 아름다운 색에 집착했습니다.

두 번째 모기는 시냇가에 앉아 졸졸 흐르는 물소리에 매료되어 그곳에서 떠나지 못했습니다. 그는 그 소리를 들으며 자신이 그 소리 안에서 영원히 행복할 수 있을 것이라 믿었습니다.

세 번째 모기는 향기로운 과일 향을 맡고 그 냄새에 빠져들었습니다. 그는 코를 통해 느끼는 즐거움을 쫓아 과일 근처를 떠나지 않았습니다.

네 번째 모기는 과일 나무에 있는 달콤한 과일을 맛보며 그 맛에 집착했습니다. 그는 그 과일의 달콤함을 영원히 느끼고 싶어 하며 과일 나무에서 멀어지지 않았습니다.

다섯 번째 모기는 나무 밑동의 부드러운 표면에 몸을 문지르며 촉감의 즐거움을 만끽했습니다. 그는 그 나무의 촉감에 빠져 떠날 생각을 하지 않았습니다.

여섯 번째 모기는 그 모든 경험을 자신만의 방식으로 해석하고, 자신의 감각적 즐거움이 영원할 것이라 믿으며 자만에 빠졌습니다.

그런데 어느 순간, 주변 환경이 변화하면서 각각의 모기가 집착하고 있던 감각 대상이 사라지기 시작했습니다. 꽃이 시들어 색이 바랬고, 시냇물 소리는 멈췄으며, 과일의 향과 맛도 사라졌습니다. 그들은 그 변화에 크게 실망하고 고통을 느끼며 자신의 집착이 결국 허무함과 고통으로 끝났다는 것을 깨달았습니다.

여섯 마리의 모기들은 서로의 집착이 불안정하며 영원하지 않음을 자각하게 되었고, 참된 행복을 찾기 위해 감각적 집착에서 벗어나기로 결심했습니다.

이 이야기는 우리가 감각기관을 통해 경험하는 것이 고정된 실체가 아님을 알려줍니다. 여섯 마리의 모기들이 각각의 감각 경험에 집착했을 때, 그 결과는 허무와 고통으로 끝났습니다. 이 이야기는 불교의 핵심 교리인 "무상(無常)"과 "무아(無我)"를 상징적으로 보여줍니다. 모든 감각적 경험은 일시적이며, 고정된 자아는 존재하지 않는다는 것을 이해하는 것이 중요합니다.

불교에서는 감각 기관을 통해 발생하는 모든 경험을 내려놓고, 이러한 감각적 즐거움에 집착하지 않는 수행을 권장합니다. 우리의 경험은 끊임없이 변화하며, 그 변화 속에서 우리는 고정된 실체를 찾아서는 안 됩니다. 육입을 통해 인식되는 대상은 결국 무상하며, 그것에 대한 집착을 내려놓을 때 참된 자유와 평화를 얻을 수 있습니다.

# 촉(觸) 감각과 마음의 접촉

촉(觸)이란, 감각 기관과 외부 대상이 만나 인식이 시작되는 순간을 뜻합니다. 불교에서는 촉이 감각적 경험, 집착, 그리고 고통의 출발점이라고 설명합니다. 이 개념을 이해하는 것은 우리가 감각 경험을 초월하고, 집착과 무지에서 벗어나는 길을 찾는 데 중요한 단서를 제공합니다.

촉이 발생하는 과정을 불교에서는 삼사화합(三事和合)이라고 부릅니다. 이는 다음 세 가지가 결합하는 것을 의미합니다.

감각 기관(근, 根): 눈, 귀, 코, 혀, 몸, 마음 등.

대상(경, 境): 색(형상), 소리, 냄새, 맛, 촉감, 생각 같은 외부 자극.

접촉: 감각 기관이 대상을 만날 때 일어나는 인식의 시작.

예를 들어, 눈이 색을 보면 안촉(眼觸)이 발생합니다. 귀가 소리를 듣는 순간 이촉(耳觸)이 생기며, 혀가 맛을 느낄 때 설촉(舌觸)이 일어나는 것입니다. 이렇게 촉이 발생하는 순간, 우리는 대상을 인식하고 반응하기 시작합니다.

촉은 단순히 감각 기관과 대상이 만나는 것 이상입니다. 촉이 발생하면 우리는 대상에 대해 느낌(수, 受)을 가지게 됩니다. 그 느낌은 즐겁거나(좋은 것), 괴롭거나(나쁜 것), 혹은 중립적일 수 있습니다. 우리는 이러한 느낌에 따라 대상을 좋게 생각하거나 집착하게 되며, 반대로 싫어하거나 혐오하는 감정을 느낄 수 있습니다.

이 과정에서 우리의 마음은 대상에 집착하거나 혐오심을 갖게 되며, 이러한 반응이 결국 고통의 원인이 될 수 있습니다. 불교는 우리가 이러한 촉의 작용을 잘 이해하고, 감각적 경험에 대해 집착하지 않는 태도를 기르는 것이 중요하다고 가르칩니다.

촉은 우리의 감각 경험과 반응의 출발점입니다. 이것을 잘 다루기 위해서는 우리의 감각적 반응을 관찰하고, 거기에 사로잡히지 않도록 연습하는 것이 필요합니다.

옛날 한 마을에 부유한 장자(長者)가 살고 있었습니다. 이 장자는 아들을 매우 사랑하여 무엇이든지 부족함이 없도록 돌보았고, 아들의 모든 소원을 들어주었습니다. 그러던 어느 날, 아들은 저녁 무렵 촛불을 보게 되었고, 그 빛의 아름다움에 마음을 빼앗겼습니다. 그는 촛불이 밝히는 따뜻하고 부드러운 빛에 깊이 매료되어, 그 빛을 보지 않으면 견딜 수 없는 지경에 이르렀습니다.

아들은 매일 저녁 촛불을 보고 싶어 했고, 점차 그것에 대한 집착이 커지기 시작했습니다. 그는 아침에도 촛불을 보고 싶어 했으나, 촛불은 어둠이 깃든 밤에만 빛을 발하는 것이었습니다. 이러한 갈망이 채워지지 않자 아들은 고통을 느끼기 시작했습니다. 촛불의 빛에 대한 집착이 커질수록, 그는 다른 일상적인 일에는 관심을 갖지 못했고, 촛불을 보고 싶어 하는 욕망에 사로잡혀 결국 건강까지 잃게 되었습니다.

이 모습을 본 아버지는 아들이 촛불에 집착하여 고통을 느끼고 있다는 것을 깨닫고, 스님을 찾아 조언을 구했습니다. 스님은 아들에게 촛불의 빛이 본래 무상하다는 것을 이해시켜야 한다고 말했습니다. 아버지는 스님의 가르침을 전하며 아들에게 촛불의 무상함을 설명했고, 그때서야 아들은 촛불의 빛이 영원히 지속될 수 없음을 깨달았습니다. 그는 점차 촛불에 대한 집착을 내려놓고, 다시 평온을 되찾았습니다.

이 이야기는 촉을 통해 일어나는 집착과 그로 인한 고통을 상징적으로 보여줍니다. 아들이 촛불의 빛에 집착하게 된 것은 눈을 통해 들어온 촉의 경험 때문이며, 이를 통해 감각적 경험에 대한 집착이 생겼습니다. 그러나 그 촛불의 빛은 일시적인 것이었으며, 아들이 촛불에 대한 집착을 내려놓을 때 비로소 그는 고통에서 벗어날 수 있었습니다.

옛날 어느 마을에 아름다운 정원을 가진 부유한 상인이 있었습니다. 이 정원에는 온갖 종류의 꽃들이 만발하여 마을 사람들 모두가 그 향기를 즐기곤 했습니다. 상인의 아들은 정원의 꽃들이 풍기는 향에 특히 집착하게 되었고, 꽃들이 뿜어내는 향기가 그의 마음을 완전히 사로잡았습니다.

아들은 매일 꽃들 사이에서 그 향기를 맡으며 시간을 보냈습니다. 그러나 시간이 지나면서 그는 점점 더 강한 향기를 원하게 되었고, 단순히 향을 즐기는 것을 넘어 그 향에 대한 갈망에 사로잡히게 되었습니다. 꽃이 시들어 향이 옅어질 때마다 아들은 심한 불안과 고통을 느꼈고, 향기를 되찾기 위해 더욱 집착하게 되었습니다.

상인은 아들의 건강이 악화되고 있다는 사실을 깨달았고, 스님을 찾아가 도움을 요청했습니다. 스님은 아들을 만나 이렇게 가르쳤습니다. "꽃의 향기는 본래 일시적인 것이며, 그것에 집착하게 되면 끝없는 고통에 빠질 수 있습니다. 그 향은 영원하지 않고, 모든 것이 무상함을 잊지 마십시오."

아들은 스님의 가르침을 듣고 꽃의 향기가 결코 지속될 수 없다는 사실을 깨달았습니다. 그제야 그는 향기에 대한 집착을 내려놓고, 마음의 평온을 되찾을 수 있었습니다.

이 이야기 또한 아들이 꽃의 향기에 집착하게 된 것은 촉을 통해 발생한 감각적 경험 때문입니다. 그의 집착은 감각 기관(코)과 대상(꽃의 향기)이 만나 발생한 촉의 결과이며, 그로 인해 고통과 불안이 생겼습니다. 하지만 스님의 가르침을 통해 무상함을 깨닫고 집착을 내려놓았을 때, 그는 비로소 고통에서 해방되었습니다.

이 설화는 촉이 어떻게 집착을 낳고, 그것이 결국 고통으로 이어질 수 있는지를 상징적으로 보여줍니다.

# 수(受) 감각에 대한 반응

불교에서 '수(受)'는 감각을 통해 느끼는 감정적 반응을 의미합니다. 이는 우리가 외부 자극에 대해 어떻게 반응하는지를 설명하는 중요한 개념입니다. 수는 감각 기관이 외부의 자극을 인식할 때 발생하는 반응이며, 다음과 같은 세 가지 유형으로 나뉩니다.

쾌수(快受)즐겁거나 기분 좋은 반응입니다. 편안함이나 기쁨 같은 느낌이 여기에 속합니다.

고수(苦受)괴롭고 불편한 반응입니다. 고통이나 불안, 불편함 등이 포함됩니다.

불고불락수(不苦不樂受) 괴롭지도 즐겁지도 않은 중립적인 반응으로, 무감각하거나 별다른 느낌이 없는 상태입니다.

이 감정적 반응들은 우리의 감각 경험과 함께 일어나며, 때로는 집착과 갈망을 일으켜 고통의 원인이 되기도 합니다.

우리의 감각적 반응은 때로 즐거움을 더 지속시키려는 집착이나, 고통을 피하려는 마음을 불러옵니다. 쾌수에 집착하면 우리는 그 즐거움을 계속 누리고 싶어 하고, 고수에 직면하면 고통을 피하려는 욕망이 생깁니다. 이 과정에서 우리는 더 큰 고통을 경험할 수 있습니다. 불교에서는 이러한 집착을 경계하고, 감각적 반응을 초연하게 받아들이는 것이 고통에서 벗어나는 길이라고 가르칩니다.

옛날에 한 나그네가 길을 걷다가 가시나무에 다리를 찔리게 되었습니다. 그는 다리에 박힌 가시가 너무 아파서 빨리 뽑으려 했지만, 조급한 마음에 가시는 오히려 더 깊이 박히고 말았습니다. 고통이 점점 커지자 나그네는 불안하고 초조해졌습니다. 그때 한 노승이 다가와 말했습니다.

"그대의 고통은 가시 자체보다도, 그 고통을 없애려는 조바심에서 비롯된 것이오. 가시가 있다는 사실을 받아들이고, 고통을 차분히 바라보면 집착이 줄어들 것입니다."

나그네는 스님의 말을 듣고 고통을 차분히 바라보며 조급해하지 않았습니다. 그러자 마음의 저항이 줄어들었고, 그는 결국 가시를 뽑아내고 고통에서 벗어날 수 있었습니다.

이 이야기는 우리의 감각적 반응이 집착으로 이어질 때 고통이 더 커질 수 있음을 보여줍니다. 나그네는 가시라는 고통에 집착하여 더 큰 괴로움을 겪었지만, 고통을 차분히 받아들이자 평온을 되찾을 수 있었습니다. 불교는 감각적 경험이 일시적임을 깨닫고, 그것에 집착하지 않는 훈련이 필요하다고 가르칩니다.

옛날에 한 맹인이 있었습니다. 그는 앞을 볼 수 없었기 때문에 언제나 어두운 세상 속에서 살아야 했습니다. 어느 날, 이 맹인은 마을을 방문하기 위해 먼 길을 걷고 있었습니다. 그때 한 현자가 그를 보고 다가와 등불을 하나 건네주었습니다. 맹인은 의아해하며 물었습니다.

"제가 앞을 볼 수 없는데, 이 등불이 저에게 무슨 소용이 있겠습니까?"

현자는 부드럽게 웃으며 대답했습니다. "이 등불은 네가 볼 수 있도록 하는 것이 아니라, 다른 사람들이 너를 볼 수 있게 하기 위함이란다. 그러면 어두운 길에서 누군가가 너를 보고 피할 수 있어, 너와 부딪히지 않을 것이다."

맹인은 현자의 말을 이해하고 등불을 들고 길을 걸어갔습니다. 그는 이 등불이 다른 사람들에게 도움이 될 것이라는 사실에 기뻐하며, 계속 길을 걸어갔습니다. 하지만 얼마 지나지 않아 누군가가 그와 부딪히고 말았습니다. 맹인은 놀라 화가 나서 외쳤습니다.

"왜 조심하지 않았소? 내 손에 등불이 있었잖소!"

그러자 상대방이 대답했습니다. "미안하오. 하지만 네 등불이 꺼져 있었소."

이 말을 듣고 맹인은 깨달았습니다. 그는 비록 자신의 감각으로 등불의 상태를 확인할 수는 없었지만, 그 등불이 꺼졌다는 사실을 몰랐던 것입니다.

이 이야기는 우리의 감각이 제한적이며, 우리가 항상 모든 것을 완벽하게 인식할 수는 없다는 점을 강조합니다. 맹인은 자신의 감각적 한계를 인식하지 못했고, 그것이 결국 예상치 못한 충돌을 초래했습니다. 불교에서는 우리의 감각적 경험이 항상 완전하지 않으며, 감각에 의존해서 세상을 판단할 때 한계를 깨닫고 겸손해야 한다고 가르칩니다.

이 설화는 우리가 감각에 지나치게 의존하거나 집착하는 대신, 우리의 인식이 제한적일 수 있음을 인정하고 열린 마음으로 살아가야 함을 일깨워줍니다.

수의 관찰 명상 감각 기관이 자극을 받을 때 일어나는 반응을 주의 깊게 관찰합니다. 반응이 일어나는 과정을 바라보며, 그것이 일시적이고 고정된 것이 아님을 깨닫습니다.

무상 명상 감각적 반응은 끊임없이 변하는 무상한 것입니다. 이 점을 마음에 새기고, 집착하지 않고 평온하게 받아들이는 연습을 합니다.

집착을 내려놓는 마음 챙김 감각적 반응에 대한 집착과 갈망을 내려놓고, 그 순간을 있는 그대로 받아들이는 마음가짐을 기릅니다. 이 마음 챙김 수행은 우리가 감각적 반응에 휘둘리지 않고 초연하게 받아들이는 데 큰 도움이 됩니다.

불교는 우리가 감각을 통해 느끼는 모든 것이 변하고 사라진다는 점을 자각하게 함으로써, 감각적 반응에 대한 집착을 내려놓고 진정한 자유에 이를 수 있도록 돕습니다. 감각적 경험은 일시적이며, 그 반응을 있는 그대로 받아들이고 집착하지 않을 때 우리는 고통에서 벗어나 마음의 평화를 얻을 수 있습니다.

# 애(愛) 갈애와 욕망의 고통

불교에서는 '갈애(渴愛)'를 욕망이나 갈망을 뜻하는 말로, 인간이 겪는 고통의 주요 원인 중 하나로 설명합니다. 갈애는 우리를 끊임없는 욕망의 사슬에 묶어두어 고통을 반복하게 만듭니다. 불교는 이러한 욕망이 어떻게 시작되고 우리 삶에 어떤 영향을 미치는지 설명하며, 이로부터 벗어나는 방법을 가르칩니다.

갈애는 불교에서 '삼독(三毒)' 중 하나로, 집착과 고통을 일으키는 원인으로 여겨집니다. 갈애에는 세 가지 주요 유형이 있습니다.

감각적 욕망

보고, 듣고, 맛보는 등 감각을 통해 느끼는 쾌락에 대한 욕망.

존재에 대한 욕망

살아있음을 지속하려는 갈망.

소멸에 대한 욕망

존재를 끝내거나 없애고 싶어 하는 갈망.

이 욕망들은 끊임없이 우리 마음을 사로잡아 평온한 삶을 방해하고, 고통을 초래합니다. 갈애는 감각을 통해 시작되는 경우가 많으니다. 우리는 어떤 것을 보고, 듣고, 맛보거나 느낄 때 그것을 소유하고 싶어 하며, 그것이 사라지면 큰 고통을 느낍니다. 이러한 욕망은 만족될 수 없고, 갈애가 커질수록 더 큰 고통을 낳게 됩니다.

옛날, 욕심 많은 사냥꾼이 있었습니다. 그는 항상 더 많은 것을 소유하고 싶어 했습니다. 어느 날, 사냥을 하다가 빛나는 황금 비둘기를 발견했습니다. 그 비둘기의 아름다움에 마음을 빼앗긴 사냥꾼은 반드시 비둘기를 잡고 싶었습니다. 비둘기를 잡으려 했지만, 비둘기는 그를 피해 날아가 버렸고, 사냥꾼은 비둘기를 포기하지 않고 끝까지 쫓아갔습니다.

비둘기를 쫓으며 사냥꾼은 점점 숲 속 깊이 들어가 길을 잃게 되었고, 며칠이 지나도 비둘기를 잡지 못했습니다. 비둘기에 대한 욕망은 그를 본래의 길에서 벗어나게 했고, 결국 그는 고통 속에서 길을 헤매며 후회했습니다. 비둘기를 잡으려던 집착이 그를 점점 더 깊은 고통으로 몰아넣었던 것입니다.

이 이야기는 욕망과 집착이 어떻게 고통을 불러오는지를 보여줍니다. 사냥꾼은 황금 비둘기를 소유하려는 갈망 때문에 평온한 삶을 잃어버리고 말았습니다. 우리가 욕망에 사로잡히면 더 많은 것을 갈망하게 되고, 만족할 수 없는 상태에서 고통을 겪게 됩니다. 불교는 이러한 갈애가 채워지기 어려운 것임을 가르치며, 욕망을 내려놓아야 진정한 자유와 평화를 찾을 수 있다고 말합니다.

부처님 당시, 아주 아름다운 기생이 있었습니다. 그녀의 이름은 스리마(Sirimà)였습니다. 그녀는 그 미모가 뛰어나, 그녀와 하룻밤을 보내려면 일천금을 내야 할 정도였습니다. 어느 날, 한 비구가 스리마의 아름다움을 전해 듣고, 그녀를 직접 보지도 않았는데도 이미 마음속 깊이 그녀를 사랑하게 되었습니다. 그는 그 사랑에 빠져 헤어 나오지 못했고, 다른 많은 비구들 또한 그가 만나지도 못한 여자를 짝사랑하고 있다는 사실을 알고 있었습니다. 그러나 '미인박명(美人薄命)'이라는 말처럼, 스리마는 젊은 나이에 요절하게 되었습니다.

부처님께서도 스리마의 소식을 듣고 계셨는데, 스리마는 요절하기 전에 불교에 귀의하여 수행을 시작했고, 초과(初果), 수다원)를 깨달았습니다. 그러나 그녀는 초과를 깨달은 후 얼마 지나지 않아 세상을 떠났습니다. 당시의 풍습에 따라 그녀의 시신을 수습해야 했습니다. 그때 부처님께서는 현지의 왕에게 이렇게 부탁하셨습니다. "당분간 그녀를 묻지 말고, 7일 후에 시신을 수습하게 해주십시오."하지만, 스리마를 짝사랑하던 그 비구는 아직도 그녀가 세상을 떠난 줄 모르고 있었습니다. 7일이 지나자 부처님께서 비구들에게 말씀하셨습니다. "자, 이제 우리가 스리마를 보러 가자." 그러자 그 비구는 기쁨에 찬 목소리로 말했습니다. "아! 드디어 나의 이상형을 볼 수 있게 되었군요." 그는 매우 들뜬 마음으로 다른 비구들과 함께 길을 나섰고, 부처님께서도 그들과 동행하셨습니다.

그들이 무덤에 도착했을 때, 예전의 매혹적인 얼굴은 이미 퉁퉁 부어 있었고, 멍든 상태였습니다. 과거 스리마의 아름다움과 명성을 들었던 사람들 때문에, 당시 그 무덤 주위에는 장례식에 온 사람들이 많이 모여 있었습니다. 부처님께서는 왕에게 명하셨습니다. "지금 가서 모두에게 말하시오. '누군가 이 스리마와 하룻밤을 보내고 싶다면, 일천금만 내면 됩니다.'" 왕이 이를 크게 외쳤지만, 아무도 움직이지 않았습니다.

부처님께서는 다시 말씀하셨습니다. "그럼 반으로 줄여, 오백금은 어떻습니까?" 여전히 아무도 움직이지 않자, "그럼 삼백금은 어떻습니까? 일백금은요? 오십금이라도 내겠습니까?" 하지만, 결국 일금에도 아무도 응하지 않았습니다. 마지막으로 국왕이 외쳤습니다. "만약 누군가 스리마와 자고 싶다면, 돈이 없어도 됩니다." 그러나 끝내 아무도 나서지 않았습니다.

부처님은 이 장면을 통해 무상(모든 것은 변한다는 것)과 무아(영원한 자아가 없다는 것)를 설법하셨습니다. 스리마의 시신을 본 비구는 스리마의 아름다움이 변해버린 것을 보고 집착에서 벗어났고, 부처님의 가르침을 통해 진정한 깨달음을 얻었습니다.

# 취(取) 취착의 본질

불교에서는 취착(取着)을 윤회와 고통의 근본 원인 중 하나로 봅니다. 이는 단순한 욕망을 넘어선 강한 집착으로, 우리의 삶에 고통을 불러오고 해탈의 길을 방해하는 중요한 장애물로 작용합니다. 취착의 뿌리는 어디에서 비롯되며, 어떻게 작용하는지 불교의 가르침을 통해 살펴봅니다.

취착은 '취하다(取)'와 '붙들다(着)'의 결합으로, 무언가를 소유하려는 마음과 그것을 놓지 않으려는 집착을 뜻합니다. 이는 단순한 갈망을 넘어선 심리적 상태로, 자신과 대상 간의 경계를 허물고 대상을 자신의 일부로 간주하려는 성향을 포함합니다. 불교에서는 이러한 취착이 우리의 인식과 행동을 왜곡하여 고통의 원천이 된다고 설명합니다.

무명은 사물의 본질을 올바르게 알지 못하는 상태를 의미합니다. 모든 현상은 무상(無常)하고 무아(無我)이며 고정된 실체가 없다는 진리를 깨닫지 못할 때, 우리는 대상을 영원하고 고정된 것으로 착각하게 됩니다. 이 무지가 욕망을 낳고, 나아가 대상을 반드시 소유하려는 취착으로 발전합니다.

사람들은 자신을 실체화된 고정된 존재로 착각하며, "나"와 "내 것"이라는 개념에 집착합니다. 이러한 자아의 집착은 외부 대상을 자신의 것으로 만들고자 하는 욕망을 강화하여 취착을 유발합니다. 예를 들어, 물질적 소유나 인간관계에서 나타나는 집착은 "내 것"이라는 강한 자아의식에서 비롯됩니다.

우리는 대상을 좋고 나쁜 것으로 나누어 바라보는 경향이 있습니다. 자신이 선호하는 대상을 소유하려 하고, 혐오하는 대상은 멀리하려는 마음이 강해지면서 취착이 발생합니다. 이러한 분별심은 무명과 자아 집착에서 비롯된 것입니다.

취착은 우리의 삶에 다음과 같은 고통과 부정적인 결과를 초래합니다. 취착이 강할수록 우리의 업이 무거워져 지옥, 아귀, 축생과 같은 고통스러운 존재 상태로 이끕니다. 취착은 집착의 대상에 종속된 삶을 만들고, 참된 자유와 평화를 방해합니다.

모든 것은 변하며, 고정된 실체가 없다는 무상의 진리를 깨닫는 것이 중요합니다. 우리가 집착하는 대상이 영원하지 않음을 이해하면 집착의 힘이 약화됩니다. 자아와 소유에 대한 집착에서 벗어나, 모든 존재가 서로 의존하여 존재한다는 연기법(緣起法)을 깨닫습니다. 자아의 허구성을 깨달으면 취착이 자연스럽게 줄어듭니다.

현재의 순간에 집중하며, 욕망과 집착이 마음에 미치는 영향을 깊이 관찰합니다. 명상을 통해 집착의 감정을 알아차리고 그것과 동일시하지 않는 훈련을 합니다. 극단적인 욕망이나 부정적인 억제 사이의 균형을 유지하며 살아갑니다. 모든 것에 적절한 거리와 균형을 두어 취착에서 자유로워집니다.

취착은 무명, 자아의 착각, 욕망, 분별심에서 비롯된 깊은 고통의 원인입니다. 이를 극복하기 위해 우리는 부처님의 가르침을 따라 마음을 수행하고 욕망과 집착에서 벗어나야 합니다. 취착을 내려놓음으로써 우리는 윤회의 고리를 끊고, 참된 평화와 해탈의 경지에 이를 수 있습니다. 부처님께서 가르치신 길을 따라 삶의 집착에서 벗어날 때, 고통이 사라지고 자유로운 존재로 거듭날 수 있습니다.

산다티 대신이라 불리는 장수에 관한 이야기입니다. 산다티는 바세나디의 총리대신으로, 바세나디는 코사라국의 왕입니다. 한 번은 변방에서 반란이 일어나자, 바세나디는 산다티를 수장으로 삼아 군사를 이끌고 변방으로 가서 반란을 평정하고 진압하라고 명했습니다. 그 결과 산다티는 반란을 성공적으로 평정하고 승리하여 돌아왔습니다.

당시 바세나디는 매우 기뻐하며 산다티에게 7일 동안 왕과 같은 권력을 누릴 수 있게 했고, 매우 아름답고 노래도 잘하는 무희를 상으로 보내주었습니다. 그 7일 동안 조정에 나오지 않아도 되고, 어떠한 일도 할 필요가 없으며, 주색에 빠져 즐기도록 했습니다. 산다티는 하루 종일 무희들을 따라다니며 술을 마시고 주색에 빠져 실컷 즐겼습니다.

7일째 되던 날, 산다티 대신은 각종 진귀한 장신구를 걸치고 코끼리를 타고 술에 취한 채 강가에 도착했습니다. 강가에서 유람하려던 그는, 아침에 성문을 지날 때 부처님과 마주쳤습니다. 부처님은 기수급 고독원에서 시내로 탁발을 하러 가던 중 성문 앞에서 그와 우연히 마주친 것이었습니다. 부처님과 비구들이 성으로 탁발하러 갈 때, 산다티 대신은 코끼리 위에서 미소를 띠고 고개를 살짝 숙이며 예의를 표했습니다. 그러자 부처님도 그를 보시고 미소 지으셨습니다.

부처님께는 하나의 특징이 있었는데, 바로 잘 웃지 않으신다는 것이었습니다. 일단 웃으면 치아를 드러내셨고, 그 치아는 매우 하얗고 깨끗했습니다. 치아가 드러나면 환하게 빛났습니다. 아난다존자가 자주 부처님의 시중을 들었는데, 세존께서 웃으며 치아가 빛나는 것을 보고 아난다 존자는 부랴부랴 달려가 부처님께 물었습니다.

"여래께서는 아무 이유 없이 웃지 않으시는데, 어떤 이유로 웃으셨습니까?"

부처님께서 말씀하시길, "너는 방금 코끼리 등에 탄 저 취한 산다티 대신을 보았느냐?"

"보았습니다."

부처님께서 말씀하시길, "오늘 중으로 그가 각양각색의 진귀한 장

식품을 들고 내 앞으로 올 것이다. 그리고 내가 네 마디 게송을 그에게 들려주면, 그가 게송을 다 듣고 아라한과를 증득한 다음, 7개의 종려나무 높이에서 가부좌를 틀고 그곳에서 열반에 들 것이다."

부처님께서 이 말을 하시자, 일부 그를 믿지 않는 사람들, 외도들이 사견을 말했습니다.

"이봐! 이봐! 저 사문 고타마가 무슨 말을 하고 있는 거야? 무슨 쓸데없는 생각을 하기에 저렇게 아무렇게나 지껄이는 거지. 봐봐, 오늘 우리는 드디어 그의 약점을 잡을 수 있겠는데? 그가 '오늘 술에 취한 산다티 대신이 그의 곁으로 가 불법을 듣고 열반에 오른다고'했지. 자, 우리가 그의 약점을 잡아, 어떻게 거짓말을 하는지 보자!"

그러나 부처님을 믿는 사람들은 이렇게 말했습니다.

"아! 부처님은 정말 훌륭하시고 그의 생각은 감히 상상할 수 없구나. 오늘 우리는 부처님의 풍채와 지혜, 그리고 산다티 대신의 풍채를 볼 수 있어 참 다행이다."

다시 산다티 대신으로 돌아가 봅시다. 그들은 무녀들과 강가에 도착해 노닐다 꽃밭에 이르러 계속 술을 마시고 노래를 들었습니다. 무녀들이 춤추는 것을 보았고, 그 무녀들은 산다티 대신이 앉자 옆에서 노래와 춤을 계속 추었습니다. 무녀는 대신의 호감을 얻으려고 7박 7일 동안 온갖 춤과 노래를 짜냈습니다. 산다티 대신을 즐겁게 하기 위해 쉬지 않았습니다. 그러다가 춤에 몰입해 춤을 추던 중, 그녀의 심장은 갑자기 칼로 그은 듯 고통을 느꼈고, 입과 눈을 크게 벌린 채 쓰러져 죽었습니다. 무녀가 쓰러지자 모두가 혼란스러워하자 산다티 대신이 말했습니다.

"그녀가 어떤지 가서 좀 봐라."

시종이 그녀의 입술과 코를 문질렀고, 이미 죽었다는 것을 발견했습니다.

"이미 죽었습니다."

이 말을 들은 산다티 대신의 마음은 곧 슬픔으로 가득 차버렸고, 지난 7일간 마신 술이 갑자기 깨었습니다. 그는 온통 슬픔과 상심에 빠져 생각했습니다.

"지금 부처님 한 분 외에는 그 누구도 나의 슬픔을 풀 수 없을 것 같다."

그래서 해질녘이 되자, 그는 시위병들의 호위를 받으며 기수급 고독원 으로 갔습니다. 그는 부처님께 예를 갖추며 말했습니다.

"세존이시여, 저는 지금 칼로 베인 것처럼 매우 고통스럽습니다. 제가 좋아하던 그 무희가 오늘 저를 위해 춤을 추다가 갑자기 과로로 죽었습니다. 이 슬픔과 고통은 당신만이 해결해 주실 수 있을 것 같습니다."

그러자 부처님께서 말씀하시길,

"그렇습니다! 당신은 옳은 사람을 찾아왔습니다. 당신의 근심을 풀어 줄 사람은 바로 저입니다. 수많은 윤회 속에서 당신이 사랑하는 여인을 떠나보내며 흘린 눈물은 4대양의 물보다 더 많습니다"

그리고 부처님께서 게송을 읊으셨습니다.

"과거의 모든 것을 깨끗이 없애고,

미래에 어떠한 일도 생기게 하지 말고,

과거와 미래 사이에 집착하지 않을 때,

당신은 차분히 여정을 걷게 될 것입니다."

부처님께서 과거를 끊어내고 미래에 집착하지 않으며, 과거와 미래에 미련을 두지 않을 때 당신의 여정을 걷게 될 것이라고 말씀하셨을 때, 산다티 대신은 바로 아라한과를 깨달았고, 사종무애와 육종신통을 깨달았습니다. 이는 그의 전생에 쌓은 바라밀 때문이었습니다. 산다티 대신은 구십일 대겁 전에 이미 수행을 시작했습니다. 과거 비파시(Vipassi, 고대의 비파시불) 시대에 그는 이미 수행을 시작했던 것입니다. 오랜 세월 바라밀을 축적해 온 덕에 불법을 듣고 바로 성도와 성과를 깨달을 수 있었습니다.

산다티 대신이 아라한과를 깨달은 후, 부처님께서는 사람들에게 신통력을 보여주셨고, 루머는 사라졌습니다. 동시에, 부처님을 믿는 사람들은 더욱 견고한 믿음을 갖게 되었습니다.

부처님께서 말씀하시길,

"산다티 대신, 이제 당신은 전생에 수행했던 일을 말해도 됩니다."

산다티 대신은 아라한과를 깨달음과 동시에 육신통을 얻었고, 그로 인해 자신의 전생을 깨달았기 때문에 부처님께서 그로 하여금 말하게 한 것입니다.

부처님께서 말씀하시길,

"땅에 앉지 말고, 일곱 그루 종려나무 높이의 공중에서 모두에게 들려주십시오."

"네, 세존이시여." 산다티 대신이 대답했습니다.

그는 부처님께 예의를 표한 뒤, 한 그루 종려나무 높이만큼 올라갔다가 다시 내려왔습니다. 세존께 다시 예를 표하고 두 그루 종려나무 높이만큼 올라갔다가 내려왔습니다. 이렇게 일곱 그루 높이만큼 올라갔다 내려오기를 반복했습니다. 마지막으로 일곱 그루 종려나무 높이까지 올라가 모두에게 전생에 수행했던 바라밀을 들려주었습니다. 그의 이야기가 끝난 후, 그는 공중에서 과정(果定)에 들었고, 자신의 수명이 그날로 끝난다는 것을 알았습니다.

과정(果定)에 들었다 나온 산다티 대신은 자신의 몸에 불을 내기로 결심했습니다. 그리고 일곱 그루의 종려나무 높이에서 삼매에 들며 그곳에서 타올랐습니다. 그의 사리는 마치 수많은 흰 자스민 꽃처럼 땅에 흩어졌습니다. 부처님께서는 흰 천을 펼쳐 사리들이 모두 그 속으로 떨어지게 한 뒤, 그의 가족과 제자들에게 사리를 사거리에 두고 사리탑을 세우게 하셨습니다. 부처님께서 말씀하시길,

"누군가 이 사리에 예의를 갖추면, 아라한에게 예의를 갖추는 것과 같으며 그 사람은 많은 정업을 얻게 될 것이다."

이 이야기 속에서 부처님의 설법은 정법을 통한 수양으로 집착과 갈애를 없앨 수 있음을 보여줍니다.

부처님께서 말씀하셨습니다. "비구들이여, 그러자 나에게 이런 생각이 들었다. '무엇이 있을 때 취착이 있으며, 무엇을 조건으로 하여 취착이 있는가?' 비구들이여, 그러자 나는 지혜로운 마음 기울임을 통해 마침내 '갈애가 있을 때 취착이 있으며, 갈애를 조건으로 하여 취착이 있다.'라고 통찰지로 관통하였다."

# 유(有) 존재의 씨앗

불교에서는 "존재(有)"를 삶과 윤회의 반복적 과정을 설명하는 핵심 개념으로 봅니다. 존재는 우리가 살아가는 상태이자 생명의 근본 원리를 뜻하며, 윤회의 흐름 속에서 경험하는 모든 상태를 포괄합니다. 이러한 존재의 본질은 욕망과 집착이라는 심리적 요인과 밀접하게 연결되어 있으며, 그로 인해 끊임없이 변화하는 삶의 형태로 이어집니다.

존재는 세 가지 차원으로 나뉘며, 이를 삼종유라 부릅니다. 욕유는 욕망이 가득한 세계를 의미합니다. 인간을 포함한 다양한 존재들이 욕망을 충족시키려 애쓰며, 기쁨과 고통이 반복되는 현실의 세계입니다. 이 차원에서는 집착과 갈망이 끊임없이 이어지며, 만족을 추구하는 과정에서 스스로를 속박합니다. 색유는 물질적 형태가 있는 세계로, 욕망과 번뇌에서 비교적 벗어난 상태를 나타냅니다. 색유의 존재들은 물질적 형태를 지니고 있으나, 육체적 욕망이 없는 평온한 삶을 살아갑니다. 이 차원은 수행과 정신적 성장으로 도달할 수 있는 더 높은 경지를 나타냅니다. 무색유는 물질적 형태조차 없는 세계를 의미합니다. 이 차원의 존재들은 물질적 속박에서 완전히 벗어나 순수한 정신 상태로 존재합니다. 무형의 평온을 유지하지만, 여전히 궁극적인 해탈에는 이르지 못한 상태입니다. 깊은 명상과 수행을 통해 접근할 수 있는 경지입니다.

불교에 따르면 존재의 변화는 단절이 아니라 연속적인 흐름입니다. 우리가 경험하는 삶의 기쁨과 고통, 평온과 불안은 과거의 행위와 생각, 그리고 현재의 집착과 욕망에 의해 결정됩니다. 존재의 씨앗은 단순히 외부적 조건이 아닌 내면에서 비롯된 심리적 집착과 본능적 욕망에 의해 발아됩니다. 이 씨앗은 스스로를 자각하지 못할 때 더욱 강하게 자라며, 끊임없이 새로운 형태로 이어지는 삶의 반복을 만들어냅니다.

불교는 존재의 씨앗을 다스리고 윤회의 흐름에서 벗어나기 위한 방법을 명확히 제시합니다. 매일 명상을 통해 자신의 마음을 바라보며, 욕망과 집착의 뿌리를 알아차리는 것이 중요합니다. 이는 마음의 혼란을 줄이고, 내면의 평화를 얻게 하는 첫걸음입니다. 물질적 풍요는 일시적인 만족을 줄 뿐, 진정한 행복으로 이어지지 않습니다. 물질에 대한 집착은 새로운 욕망을 불러일으키며, 존재의 반복적인 속박을 강화합니다. 정신적 풍요와 내면의 충만함을 추구해야 합니다. 존재는 끊임없이 변하지만, 현재의 순간은 항상 우리의 삶에서 가장 중요한 지점입니다. 지금 이 순간을 소중히 여기며, 자신의 내면을 다스리고 의미 있는 삶을 사는 것이 해탈로 나아가는 길입니다.

존재의 씨앗은 우리가 삶에서 경험하는 모든 상태의 근원이지만, 이를 자각하고 다스림으로써 윤회의 속박을 끊을 수 있습니다. 정신적 자유를 추구하며 욕망과 집착을 내려놓는 삶은 진정한 깨달음으로 이어집니다. 불교는 궁극적으로 우리 자신이 스스로 존재의 씨앗을 초월하여 해탈의 경지로 나아갈 수 있음을 가르칩니다. 명상, 자각, 그리고 현재의 순간을 온전히 살아가는 실천을 통해 우리는 더 높은 차원의 존재로 도약할 수 있습니다.

부처님 당시 지율제일인 빠따짜라 라는 비구니 스님이 있었습니다. 그녀가 출가하기 전 이야기를 해보자면 그녀는 사와티 성의 매우 부유한 집안에서 태어났으며 그녀는 엄청난 부자 상인의 딸로 아버지의 재산이 지금의 준 재벌에 달했는데 외모도 무척이나 예뻤다 그녀가 열여섯이 되었을 때 그녀의 부모님께서 그녀의 안전을 위해 7층짜리 건물에서 살게 하며 경호원들로 하여금 그녀를 보호하게 하였다. 그러나 청춘의 들끓음 때문인지 그녀는 그녀의 경호원들 중 하나와 간통하게 되고, 아버지는 그녀와 비슷한 집안의 청년과 결혼을 약속했다. 그 청년 역시 아주 부잣집 도련님이었고 그쪽 집에서는 아주 많은 예물을 준비하였다. 결혼 날짜가 다가오자 빠따짜라는 그 경호원에게 말했다.

'우리 부모님이 나에게 어떤 집안의 아들에게 시집보내겠다고 하셨어. 너 잘 생각해. 내가 시집가고 나면 우리는 볼 수는 있지만 더 이상 사적으로 가까워질 수 없어. 네가 나를 정말 사랑한다면 나를 데리고 가 줘! 더 이상 시간 끌지 말고 아니면 지금 당장 도망가요.' 그러고는 두 사람은 다음 날 아침 일찍 성문 밖에서 만나 함께 도망치기로 약속하였다.

다음 날 아침, 경호원은 일찍부터 성문 밖에 나와 기다리고 있었다. 빠따짜라도 아침 일찍 일어나서 누더기 옷을 입고 얼굴에 분을 발라 검게 칠하고 머리카락도 더러운 모양으로 만진 후, 물통을 들고 여자 시종들 사이에 섞여 집밖으로 나왔다. 집을 나서자마자 그녀는 성문을 향해 뛰어들어 그녀가 사랑하는 사람과 만났다. 두 사람은 함께 사랑의 도피를 했다.

당시의 인도는 신분제가 엄격했기 때문에, 만약 신분이 높은 귀족이 하층민과 결혼하여 아이를 낳으면 그 아이는 지위가 없는 찬드라라고 불렸다. 일반적으로 노예를 수드라, 이들은 모두 지위가 없는 사람들이었다. 따라서 잡히게되면 아주 무거운 처벌을 받게 되어 그들은 함께 아주 먼 곳으로 도망갔고, 나뭇가지로 집을 짓고, 남자는 낮에 농사를 짓고, 숲에서 땔감을 줍고, 여자는 아내로서 매일 물을 길어다 밥을 짓고, 다른 집안일을 했다. 그녀가 사랑의 도피를 했을 때, 그녀의 업은 성숙했고 , 그녀는 곧 인과응보를 감당해야 했다.

얼마 후 그녀는 임신을 했고, 당시 현지 풍습은 보통 친정으로 돌아가 출산하는 것이었다. 출산할 때가 되자 그녀가 남편에게 말했다.'아이를 낳을 때가 다가오는데 여기서는 아무도 나를 도와줄 수 없고, 내가 무슨 잘못을 했든 부모님께서 여전히 나를 사랑 할꺼야. 나 집에 가서 아이를 낳고 싶어.'그러자 남편이'절대 안돼! 그건 불가능한 일이야. 만약 내가 처가에 간다면 당신 부모님이 나를 어떻게든 괴롭힐 거야. 나는 절대 돌아갈 수 없어.'빠따짜라가 간절히 부탁해도 그녀의 남편은 들어주지 않았다. 남편이 땔감을 주우러 숲으로 간 틈을 타 몰래 빠져나와 친정으로 향했다. 남편이 집에 돌아와 아내가 없어진 것을 발견한 후 바로 뒤 쫓아가 아내를 잡았을 때, 아내의 진통이 시작되었고, 결국 길가에서 첫아이를 낳을 수밖에 없었다. 아이를 낳은 뒤 빠따짜라가 남편에게 말했다. '그래, 어차피 아이도 낳았으니까 친정에 돌아 갈 필요 없겠다. 집에 가자.'그렇게 그들은 집으로 돌아 왔다. 얼마 지나지 않아, 빠따짜라가 또 임신했다. 둘째 아이를 임신하고 출산할 때가 되었을 때 그녀는 남편에게 친정에 돌아가 아이를 낳고 싶다고 했다. 이때 그녀의 남편은 예전과 다름없이 어떻게 해도 그녀의 말을 들어주지 않는데, 그녀는 더 이상 묻지 않고, 첫 아이를 데리고 지난번과 마찬가지로 남편에게 말하지 않은 채 집을 나섰다. 그녀의 남편이 나중에 그의 아내가 또 집을 나간 것을 알고 뒤 쫓아가 집에 돌아가자고 말했지만, 이번엔 그녀가 듣지 않았다. 그렇게 친정으로 걸어가고 있을 때 한바탕 폭우가 쏟아졌으며 폭풍우는 매우 심해서 하늘에서 끊임없이 번개가 치고 천둥이 천지를 갈라놓을 것처럼 비가 억수

같이 퍼부었다. 바로 그 때 빠따짜라는 진통을 심하게 느꼈다. 그녀는 남편에게 '더 이상 못 참겠어. 너무 고통스러워. 아이가 곧 나올 것 같은데 제발 비를 피할 곳을 찾아줘!'라고 말했다.

그녀의 남편은 도끼를 들고 비를 피할 곳을 만들 것을 찾으러 다녔습니다. 그가 관목 수풀을 발견 하고 나무를 자르려 할 때, 바로 옆에 독사가 한 마리 튀어나왔는데, 그가 독사의 영역으로 들어가서 독사가 그를 물었다. 남편은 온몸에 불이 붙는 것 같았고, 온몸이 시퍼렇게 멍들더니 결국 땅에 쓰러져 죽고 말았다.

빠따짜라가 빗속에서 남편이 빨리 돌아오기를 간절히 바랬지만, 아무 소용없었다. 결국 그녀는 더 이상 참지 못하고 폭풍우 속에서 둘째 아들을 낳았다. 폭풍우를 견디지 못한 두 아들이 큰소리로 울고 있었고 엄마로서 빠따짜라는 두 아들을 가슴에 꼭 껴안고 무릎을 꿇은 채로 밤을 새웠다. 그녀의 몸은 창백하고 핏기 하나 없었으며 근육은 마치 누렇게 마른 나뭇잎 같았다. 폭풍우는 이렇게 심했다. 이튿날 동이 틀 무렵 날이 밝고 마침내 폭풍우가 서서히 멈추자 핏덩이 둘째를 업고 첫째의 손을 잡고서 말했다.

'가자, 사랑하는 나의 아이들아. 너희의 모진 아버지는 우리를 버리고 가셨구나.'그리고 그들은 함께 되돌아가고 있었다. 되돌아가는 길에서 그녀는 바로 어제 저녁, 그녀의 남편이 나무를 한 장소에 도착했는데, 그녀가 남편을 발견했을 때, 그의 몸은 이미 검붉게 변하고 딱딱하게 굳어 있었다.

빠따짜라가 남편의 시체를 보았을 때, 그녀는 다시 울었다. '아! 내 남편은 나 때문에 길에서 죽었구나.' 그녀는 울면서 계속 걸었다. 걷다 보니 아지라바티 강에 도착했다. 원래 걸어서 건널 수 있는 강이었는데 어제 폭우로 물이 불어나 어떤 곳은 무릎까지 왔고, 어떤 곳은 허리까지 왔고, 또 어떤 곳은 가슴까지 왔다. 게다가 그녀의 몸은 어제 저녁 폭풍우 때문에 이미 매우 허약했고, 어제 밤에 막 출산했기 때문에 두 아이를 함께 안고 강을 건널 방법이 없었다. 그래서 그녀는 큰 아들을 먼저 강기슭에 남겨 두고 작은 아들을 안고 강을 건넜다. 강을 건넌 뒤, 나뭇잎을 찾아 모래사장에 깔고 어린 아들을 바나나 잎으로 포근하게 감싸 놓고 돌아가서 큰 아들을 데리고 강을 건너 올 생각이었다. 그녀가 강 중간까지 갔을 때, 매 한 마리가 날아왔는데 이 매가 하늘에서 빙빙 돌면서 막 태어난 그녀의 아들을 보았는데 꼭 아주 연한 고깃덩어리 같았다. 빠따짜라가 강을 건너던 중 고개를 돌려 그녀의 작은 아들을 보았을 때, 매가 아들을 잡으려고 달려들었다. 그때 그녀는 매를 쫓으려고 손을 들어 "쉬, 쉬"하는 소리를 냈다. 그녀가 이렇게 손을 들어 매를 쫓으려고 할 때, 매는 아랑곳하지 않고 어린 아들을 붙잡아 하늘로 날아가 버렸다. 강기슭에 있던 큰 아들은 어머니가 손을 들고 무언가 말할 때 강물 소리가 너무 커서 아무 소리도 들리지 않자, 자신을 부르는 소리인 줄 알고 강으로 들어갔다. 강으로 뛰어들자 강물이 그를 휩쓸었다.

그렇게 그녀는 두 눈 뜨고 어린 아들이 독수리에게 잡혀 하늘로 날아가고, 큰아들이 강물에 휩쓸려 떠내려가는 모습을 지켜봐야만 했다. 그리고 그녀의 남편은 독사에 물려 죽었다. 그렇게 그녀는 몹시 슬피 울며 사와티성, 그녀의 집으로 향했다. 집으로 가던 중 사와티성 쪽에서 온 사람을 만났다. 그녀가 그 사람에게 물었다.

'선생님, 어디에 사십니까?'

'아, 부인. 저는 사와티성에 삽니다.'

'그럼 혹시 어디어디에 사는 누구를 아십니까?'

그 사와티성에서 온 사람이 말했다. '다른 분을 물으신다면 답해 드릴 수 있지만, 그 가족만은 묻지 말아 주십시오.'

'다른 사람의 일은 알고 싶지 않습니다. 오로지 그 집안 사람들이 어떻게 되었는지 알고 싶습니다. 이것 외에 다른 건 묻지 않겠습니다.'

그 행인이 말했다. '어제 저녁에 엄청난 폭풍우를 알고 계시오? 바로 어젯밤의 그 폭풍우로 그 집이 무너져 내렸습니다. 그 일가 부모와 아들이 모두 집 안에서 압사당해 죽었습니다. 보시오! 사와티성 외곽에 연기가 보이십니까? 화장터에서 그 식구 셋을 태우는 연기입니다.' 빠따짜라의 부모와 오빠가 같은 날, 같은 장소에서 태워지고 있다는 것을 듣자마자, 그녀는 정신을 놓고 이성을 잃었다. 그녀의 옷이 그녀의 몸에서 미끄러져 떨어졌다. 그녀는 이미 극도의 슬픔에 잠겼고, 이성을 잃었으며, 옷이 떨어져도 알지 못했다. 그녀가 실성한 채 말했다. '내 막내아들은 독수리에게 잡혀갔고, 내 큰아들은 물에 떠내려갔고, 내 남편은 길가에서 죽었고, 내 부모와 형제는 같은 날 화장터에서 타버렸구나……그렇게 계속 중얼거리며 정신이 나간 채 벌거벗은 맨몸으로 사와티성에 도착했다. 성 안으로 들어서자 그곳의 많은 사람들과 어린아이들까지 모래와 돌을 그녀에게 던지고, 머리위로 뿌렸다. 그러나 그녀는 그런 것조차 느끼지 못하고 실성하여 걸어 가다가 부처님이 계시는 고독원에 도착했다.

당시에 부처님께서는 제자들과 청중들에게 설법하고 계셨다. 이 벌거벗은 미친 여자가 그의 앞에 섰을 때, 청중들이 그녀를 쫓아내고 부처님께 가까워지는 것을 막으려 했다. 이 때 부처님께서 그녀만이 스스로 자신의 고통을 해결할 수 있다는 것을 알고 사람들에게 말했다.

'그녀를 막지 말고 내 앞으로 오게 해주시오.' 그러자 그 미친 여자 빠따짜라는 이렇게 중얼거렸습니다. 내가 어쩌고 저쩌고……' 그녀가 부처님 앞으로 다가오자 부처께서 이렇게 말씀하셨다. '빠따자라, 정신 좀 차려라.'

부처님께서 이렇게 말하자마자 여자는 제정신이 들었고, 옷을 입지 않은 자신을 발견하고는 급히 팔을 감싸 안고 쪼그려 앉았다. 그녀가 쪼그려 앉자, 청중 중에 한명이 그녀에게 옷 한 벌을 던져 주었고 그녀는 그 옷을 둘렀다. 그리고 부처님께 예를 다하고, 아주 공손히 부처님의 양 발을 향해 예를 다한 후 말했다.

'제 막내아들은 독수리에게 잡혀갔고, 제 큰아들은 물에 떠내려갔고, 제 남편은 길가에서 죽었고, 제 부모와 형제는 같은 날 화장터에서

타버렸습니다.'

부처님께서 그녀의 말을 들은 후 말씀하셨다. '빠따짜라야, 너무 괴로워하지 말거라. 너는 이미 너를 보호하고 귀의할 수 있는 사람을 찾았다. 네가 말한 것은 사실이지만 너의 마음과 같이 네가 길고 긴 생사의 윤회 속에서 너의 아들, 너의 남편, 너의 부모 형제와 이별하며 흘린 눈물은 이미 4대 바다의 물보다 많구나. 이미 일은 벌어졌는데, 빠따짜라야 너는 왜 계속 함부로 행동하느냐?' 부처님께서 이렇게 말씀하셨을 때, 빠따짜라는 슬픔이 줄어들기 시작했다. 부처님께서 계속 그녀를 위해 교시했고, 그것이 끝난 후 그녀는 이미 수다원과를 깨달았습니다. 그때 그녀의 가슴속 온갖 먼지와 같은 번뇌가 사라지고 약간 남았습니다. 빠따자라가 수다원과를 깨달은 후 부처님의 교법에 따라 승단에서 출가하였으며 출가 후 그녀는 부처님의 교법을 통달했고 열심히 수행한 뒤 얼마 지나지 않아 아라한과를 깨달았고 그 후 그녀는 열심히 〈율장〉을 공부했다. 후에 그녀는 비구니 승단에서 지율 으뜸 대 제자가 되었습니다.

이 이야기 속에는 자신의 선업과 불선업이 조건 지어진 상황에서 어떻게 작용하는지를 알아야 한다는 의미가 내포되어 있습니다. 부처님께서는 빠따짜라의 윤회 기간에 대해 설명하시기를, 그 기간은 4대 바다의 물보다 많다고 하셨습니다. 우리 모두가 같은 처지의 중생입니다. 그러나 빠따짜라의 선업의 업인이 시절인연의 조건에 결생 지어져 부잣집의 예쁜 딸로 태어났습니다. 하지만 너무나도 큰 악업이 그 생에 함께 도래하여, 이처럼 엄청난 고통과 비애를 맛보게 된 것입니다. 그래도 삼악도에 떨어진 고통보다는 나을 것입니다. 삼악도의 고통은 불자들이 상상하는 것 이상이라고 생각하셔야 합니다.

그러나 빠따짜라는 감당하기조차 힘든 악업을 받고도 먼 전생의 선업이 결생하여 부처님을 만나게 되었습니다. 그렇다면 수행도 하지 않은 빠따짜라가 어떻게 부처님의 법문을 듣고 바로 수다원과를 이룰 수 있었을까 하는 의문이 생길 것입니다. 앞에서도 말씀드렸듯이 '일체중생 실유불성(一切衆生悉有佛性)이라 하여 모든 중생들이 멀고 먼 전생부터 수행을 해왔다는 사실을 기억하지 못할 뿐입니다. 부처님께서 빠따짜라의 멀고 먼 전생의 수행을 깨우쳐 주신 것입니다. 한 번쯤 들어보셨을 돈오돈수(頓悟頓修)라는 말을 생각해본다면 이해가 빠를 것입니다. 돈오돈수란 단박에 깨달아 아라한이 바로 되어 무학이 된다는 뜻입니다. 모든 중생들이 큰 성자를 만나 법문을 듣는다면, 먼 전생으로부터 수행해온 큰 선업이 결실을 맺을 수 있습니다. 그러므로 평소에 자비희사를 실천하고, 사념처 수행을 꾸준히 한다면 선지식이 우리 앞에 나타날 수도 있습니다.

모르는 것은 손에 쥐어 주어도 모른다는 말이 있습니다. 부처님의 금구를 통해 바른 견해의 절실함을 우리는 날마다 듣고 있지만, 실천하지 않고 있습니다. 불자들이 절에 갔을 때는 부처님 말씀을 되새기며 자신이 지은 악업을 참회하고 기도하지만, 다시 삶의 현장으로 돌아오면 또다시 불선업을 짓는 것이 우리들의 자화상입니다.

# 생(生) 탄생이 주는 기쁨과 슬픔

불교에서는 "생(生)"을 12연기 중 하나로 설명하며, 새 생명이 탄생하는 순간을 뜻합니다. 그러나 이 탄생이 기쁨만을 의미하지는 않습니다. 생은 동시에 고통과 집착이 시작되는 출발점이기도 합니다. 인간으로 태어난다는 것은 새로운 가능성과 기회를 의미하지만, 동시에 생로병사의 고통을 피할 수 없다는 사실을 내포합니다.

생명은 아름답고 소중합니다. 한 생명이 태어날 때, 부모와 가족은 기쁨으로 가득 차고, 생명의 신비는 경이로움을 줍니다. 탄생은 새로운 시작을 의미하며, 사랑과 희망이 깃든 순간입니다. 부모는 아이가 건강하게 자라길 바라는 마음으로, 아이의 미래를 꿈꾸며 기뻐합니다. 세상에 태어난 모든 생명은 저마다의 이유와 목적이 있으며, 탄생은 이 세상에 새로운 인연을 만들고 의미를 더합니다.

그러나 탄생은 동시에 고통의 시작이기도 합니다. 불교에서는 태어난 모든 존재가 반드시 늙고 병들고 죽음을 맞이한다고 가르칩니다. 이는 생명을 얻음과 동시에 우리는 고통과 이별의 슬픔을 겪게 된다는 것을 의미합니다. 인간으로 태어난다는 것은 괴로움의 순환 속에 들어선다는 뜻이기도 합니다. 욕망과 집착이 생겨나며, 우리는 끊임없이 행복을 추구하면서도 동시에 상실의 고통을 경험하게 됩니다.

　　옛날, 한 작은 마을에 "나비의 윤회"에 대한 전설이 전해져 내려왔습니다. 이 전설은 탄생의 기쁨과 슬픔을 상징적으로 설명해줍니다.

　　마을에 한 소녀가 있었습니다. 그녀는 나비가 얼마나 아름다운지 감탄하며 나비를 사랑했습니다. 어느 날, 소녀는 신비로운 꿈을 꾸었습니다. 꿈속에서 나비의 정령이 그녀에게 나타나 말했습니다. "나는 이 세상에 태어날 때마다 화려한 날개를 얻고 사람들에게 기쁨을 주지만, 나의 생명은 짧고 고통스럽다. 사람들은 나를 아름답다고 칭송하지만, 나는 매 순간 생과 사의 경계에서 바람에 흔들리는 존재이다."

　　소녀는 나비의 이야기를 듣고 물었습니다. "그럼 왜 다시 태어나는 것이냐고요?" 나비는 슬프게 웃으며 대답했습니다. "그것이 내 업(業) 때문이다. 나는 살아가면서 꽃을 만나는 기쁨과 태양 아래에서 춤추는 즐거움을 얻지만, 동시에 매번 생명이 짧고 불안정한 고통을 겪는다. 그러나 그 모든 경험이 나를 더 깊은 깨달음으로 이끌고 있다."

　　소녀는 꿈에서 깨어나, 생명의 아름다움과 동시에 그것이 불완전하다는 것을 깨달았습니다. 그녀는 그날부터 나비를 보며 단순히 아름다움만을 느끼는 것이 아니라, 생명의 고통과 그 깊은 의미를 함께 생각하게 되었습니다.

이 설화는 생명이라는 것이 단순히 축복만이 아니라, 괴로움과 함께 존재한다는 사실을 깨닫게 합니다. 나비는 탄생과 동시에 생명의 무상함을 경험하지만, 그 속에서 기쁨과 고통을 함께 느끼며 성장합니다. 우리 또한 마찬가지입니다. 생은 새로운 시작이지만, 그 안에는 피할 수 없는 고통과 슬픔이 내재해 있습니다.

불교는 생이 고통의 출발점임을 인정하지만, 그것을 통해 우리는 더 큰 깨달음에 이를 수 있다고 가르칩니다. 생의 기쁨을 누리되, 그 무상함과 괴로움을 함께 받아들일 때 우리는 더 깊은 이해와 지혜를 얻을 수 있습니다. 생을 축복으로만 보지 않고, 그 속에 담긴 고통의 의미까지 이해할 때 우리는 비로소 삶의 진정한 본질에 다가갈 수 있습니다.

# 노사(老死) 늙음과 죽음

불교에서는 "생(生)"과 "노사(老死)"를 삶의 본질적인 과정으로 설명하며, 우리가 겪는 고통의 원인과 해결책을 가르칩니다. 이 개념은 불교의 12연기(十二緣起) 교리와 깊이 연결되어 있습니다. 12연기는 고통이 어떻게 발생하고 윤회의 과정에서 어떻게 반복되는지를 설명하며, 중생이 고통에서 벗어나는 방법을 제시합니다.

12연기에서 "유(有)"는 우리가 지은 업의 결과로 생명이 태어나는 것을 의미합니다. "생(生)"은 단순히 출생을 뜻하는 것이 아니라, 중생이 업(행동과 그 결과)에 따라 새로운 생명을 얻고, 그 생명에서 육체와 정신을 갖추는 과정을 가리킵니다. 생은 시작이자, 결국 죽음에 이르는 과정의 한 부분입니다.

생로병사(生老病死)는 삶에서 피할 수 없는 자연스러운 흐름입니다. 태어난 모든 존재는 반드시 늙고 병들며 죽음을 맞이합니다. 불교에서는 이 생과 죽음의 과정이 우리가 쌓은 업에 따라 결정된다고 봅니다. 우리의 생은 과거에 지은 업의 결과이며, 그 과정에서 겪는 고통은 우리가 만든 업에 따라 태란습화로 태어남이 달라집니다.

태생(胎生) 인간이나 동물처럼 모태에서 태어나는 방식.

난생(卵生) 알에서 태어나는 방식, 예를 들면 새나 물고기. 습습생(濕生) 습기나 환경에서 발생하는 미생물이나 곤충.

화생(化生) 즉각적인 변화를 통해 나타나는 존재, 지옥이나 천상에서의 존재가 이런 방식으로 나타납니다.

이러한 생명들은 모두 업에 의해 결정된 모습과 조건을 가지고 태어납니다. 심지어 같은 부모에게서 태어난 쌍둥이도 각기 다른 업과 인연에 따라 다른 삶을 살아갑니다. 이처럼 업은 모든 생명의 다양성과 개별성을 설명합니다.

불교에서는 죽음이 생명의 끝이 아니라 윤회의 새로운 시작이라고 가르칩니다. 죽음 후에는 "중음(中陰)"이라는 과도기적 상태를 경험하게 됩니다. 중음의 상태에서 영혼은 과거의 업을 되돌아보고, 새로운 생명으로 윤회할 준비를 합니다. 이 과정은 우리에게 새로운 인연과 삶의 조건을 만들어줍니다. 중음의 세계에서는 시간이 다르게 흘러, 인간의 49일에 해당하는 시간이 지나도 훨씬 긴 시간이 흐르는 것처럼 느껴집니다.

노사는 삶의 불가피한 일부입니다. 모든 생명체는 시간이 흐르면 늙고 병들며 죽음을 맞이하게 됩니다. 노화와 죽음은 육체적, 정신적으로 큰 고통을 가져오며, 남겨진 사람들에게도 깊은 슬픔을 남깁니다. 불교에서는 이러한 고통을 "고통의 절정"으로 여깁니다. 그러나 부처님은 이러한 고통에서 벗어날 길이 있음을 가르치셨습니다.

부처님께서는 "태어남이 있으면 반드시 늙고 죽음이 있다"고 말씀하셨습니다. 이는 우리가 겪는 고통이 단순히 불가피한 것이 아니라, 우리의 업과 무명(무지)에서 비롯된 결과라는 것을 깨닫게 합니다. 이 연기법(緣起法)을 이해하는 것이 고통에서 벗어나는 첫걸음입니다.

불교에서는 고통에서 벗어나기 위해 깨달음과 수행을 강조합니다. 우리가 업의 사슬에서 벗어나려면, 연기법의 원리를 깊이 이해하고 그것을 끊는 지혜를 얻어야 합니다. 부처님은 우리가 생과 죽음의 원인을 파악하고, 집착을 내려놓으며 깨달음을 추구하도록 가르치셨습니다.

삶의 모든 것이 끊임없이 변하고 있다는 사실을 깨닫고, 집착을 줄이며 평온을 찾는 것이 중요합니다. 현재의 삶에서 선한 행위를 실천하고, 마음을 다스리며 긍정적인 업을 쌓는 것이 고통에서 벗어나는 길입니다. 불교는 우리에게 생과 죽음의 과정을 초연히 받아들이고, 윤회의 고통에서 벗어날 수 있는 방법을 제시합니다.

부처님의 생애에서 중요한 순간 중 하나는, 그가 아직 궁궐의 왕자로 살던 시절 경험한 4개의 문에서의 깨달음입니다. 그는 네 번의 외출을 통해 인생의 가장 큰 진리를 마주했습니다.

첫 번째 문에서 그는 늙은 노인을 보며, 누구나 늙는다는 사실을 깨달았습니다.

두 번째 문에서는 병든 사람을 보며 병고의 고통을 인식했습니다.

세 번째 문에서는 죽음을 맞이한 시신을 보며 죽음의 피할 수 없는 현실을 알게 되었습니다.

네 번째 문에서 수행자를 보고, 삶의 고통을 초월할 수 있는 길이 있다는 희망을 품게 되었습니다.

이 네 가지 장면은 그에게 인생의 덧없음과 고통의 본질을 깨닫게 했고, 결국 고통에서 벗어날 길을 찾기 위해 궁궐을 떠나 수행의 길을 걷게 했습니다.

불교에서는 인간이 고통에서 벗어나기 위해 12연기의 고리를 끊는 것을 목표로 합니다. 12연기는 고통이 어떻게 발생하는지를 설명하는 가르침입니다. 각각의 연기(조건)가 서로 연결되어 있기 때문에, 어느 하나라도 끊어지면 고통의 사슬이 끊어집니다. 예를 들어, 무명을 없애면 욕망과 집착도 사라지게 되는 식입니다.

부처님은 연기의 원리를 깨달아 이를 끊음으로써 완전한 깨달음, 즉 열반에 도달했습니다. 열반은 모든 번뇌와 집착이 사라진 상태로, 더 이상 생사윤회의 고통이 없는 평화로운 경지입니다.

부처님의 깨달음은 모든 고통이 집착과 무명에서 비롯된다는 사실을 보여줍니다. 우리의 삶이 고통스러운 이유는 무지와 욕망에 사로잡혀 있기 때문입니다. 그러나 지혜를 통해 무명을 깨고, 집착을 내려놓

12연기의 해체

으며 수행을 이어갈 때 우리는 해탈에 이를 수 있습니다.

부처님은 우리가 직면하는 늙음, 병듦, 죽음 같은 근본적인 두려움과 고통을 극복할 방법을 제시했습니다. 그가 마라를 이겨낸 것은 단지 유혹을 물리친 것이 아니라, 우리 모두가 고통에서 벗어나 열반에 이를 수 있는 길을 보여준 것입니다.

부처님의 가르침은 고통을 초월하는 길이 존재하며, 그것은 올바른 이해와 수행을 통해 가능한 것임을 우리에게 알려줍니다.

　저 산과 들은 옛 모습 그대로인데, 골짜기에는 인간들이 태어났다 죽었다 하면서 저 산과 들을 자기 것이라 우기고 있구나. 잠시 머물렀다 사라지면서, 우리가 하루살이 목숨이 너무나 짧다고 생각하듯이, 저 산과 들도 우리 인간의 목숨을 하루살이 목숨보다 더 짧다고 여길 것이다. 이 짧은 목숨이라도 가졌을 때 멋지고 아름답게 살다가 조용히 떠나자.

　　여기에 있는 모든 것들은 그 모습 그대로인데, 인간들은 자꾸 아름답다, 보기 흉하다, 그저 그렇구나 하며 가지려고 하고 버리려고 한다. 순간적으로 소유하면 행복하고, 가지지 못하면 괴로워하는구나. 행복과 불행은 본래 없는 것인데, 인간들이 자신의 뜻대로 되지 않으니 괴로워하는구나. 순간적인 행복과 불행은 한순간의 추억에 불과하니, 영원한 자유와 행복을 찾는 공부를 해보자꾸나.

• 수행의 필요성과 목적
• 수행의 기본 원리와 방법
• 삶의 균형을 찾아서
• 내면의 조화
• 수행의 균형적 접근
• 수행 중 직면하는 어려움
• 업을 정화하는 수행법
• 사마타와 위빠사나 수행
• 팔정도수행
• 염불수행
• 불사수행
• 열반의 궁극

# 4장

수행 속으로

# 수행의 필요성과 목적

　수행은 불교에서 마음을 다스리고 깨달음을 얻기 위해 행하는 중요한 실천입니다. 수행은 단순히 고행이나 규칙을 지키는 것이 아니라, 내면의 평화를 찾고 삶의 본질을 깨닫기 위해 필수적인 과정입니다. 마음은 늘 변화하고 요동치는 성질을 가지고 있기 때문에, 수행을 통해 마음을 고요하게 다스리고 균형을 찾는 것이 필요합니다.

　수행의 필요성은 우리가 매일 마주하는 삶의 고통과 혼란에서 비롯됩니다. 불교에서는 인간의 고통이 무지(無知)와 집착에서 온다고 가르칩니다. 우리는 세상의 무상함을 이해하지 못하고 끊임없이 무언가에 집착하거나 욕망을 쫓으면서 고통을 만들어 냅니다. 수행은 이러한 마음의 어지러움을 잠재우고, 우리가 본래 가진 지혜와 평화에 다가가게 해줍니다.

수행의 목적은 깨달음에 이르는 것입니다. 깨달음이란 우리 삶의 진리를 이해하고, 마음의 평화를 얻는 것을 의미합니다. 깨달음을 통해 우리는 모든 것이 인연에 따라 변화하고 사라지는 무상(無常)의 이치를 깊이 깨닫게 됩니다. 이로써, 더 이상 고통과 불안에 휘둘리지 않고, 모든 존재에 자비와 연민을 베풀 수 있는 상태에 이르게 됩니다. 수행은 결국 나와 타인을 위한 자비로운 마음을 키우고, 삶의 모든 순간을 의미 있게 만드는 데 있습니다.

수행의 과정은 끊임없는 자기 탐구와 수양을 요구합니다. 우리는 명상과 마음 챙김을 통해 현재에 집중하고, 욕망과 집착에서 벗어나는 연습을 합니다. 이러한 과정에서 우리는 점차 내면의 평화를 경험하며, 삶의 참된 가치를 발견하게 됩니다. 수행은 단순히 고통을 피하는 것이 아니라, 그 고통을 바라보며 우리가 진정으로 원하는 평화와 자유를 향해 나아가는 길입니다.

결국, 수행은 내면의 조화와 균형을 찾고, 이 세상과 더불어 사는 법을 배우기 위한 것입니다. 우리의 마음이 깨달음에 가까워질 때, 우리는 더 이상 외부의 변화에 흔들리지 않고, 조화롭고 의미 있는 삶을 살아갈 수 있게 됩니다.

# 수행의 기본 원리와 방법

수행의 기본 원리는 마음을 다스리고 본래의 고요한 상태를 회복하는 데 있습니다. 불교에서는 모든 고통과 혼란의 근원이 바로 우리 마음의 작용에서 비롯된다고 가르칩니다. 따라서 수행은 그 마음을 관찰하고, 다스리며, 궁극적으로는 깨달음에 이르게 하는 중요한 실천입니다. 기본 원리는 단순하지만 깊습니다. 우리는 수행을 통해 마음의 무지와 혼란을 깨고, 스스로를 자각하며 내면의 참된 본성을 발견하게 됩니다.

수행의 가장 중요한 원리는 마음 챙김(念, Mindfulness)입니다. 마음 챙김은 현재의 순간에 완전히 집중하며, 과거나 미래의 걱정에서 벗어나는 것입니다. 이는 우리가 지금 이 순간을 온전히 인식하며 살아가도록 돕습니다. 현재에 깨어 있는 상태가 되면, 우리는 감정의 변화나 고통에 대한 집착을 줄이고, 더 고요하고 평화로운 마음을 유지할 수 있습니다. 마음 챙김을 실천할 때는 호흡에 집중하거나, 일상적인 행동을 의식적으로 바라보는 방법이 효과적입니다. 예를 들어, 걷기, 먹기, 혹은 설거지를 할 때에도 마음을 현재에 두고 모든 감각을 느끼는 것입니다.

명상(禪) 또한 수행의 기본 방법 중 하나입니다. 명상은 몸과 마음을 고요히 하여 내면을 들여다보는 훈련입니다. 명상의 방법은 다양하지만, 가장 기본적인 것은 호흡 명상입니다. 편안한 자세로 앉아 자연스럽게 숨을 들이쉬고 내쉬며, 호흡의 흐름을 주의 깊게 관찰합니다. 이때, 생각이 떠오르면 억지로 없애려 하지 말고, 그저 흐르게 두면서 다시 호흡에 집중합니다. 이 연습을 통해 마음은 점차 고요해지고, 내면의 평화를 경험하게 됩니다.

수행의 또 다른 중요한 방법은 자비 수행(慈悲)입니다. 자비 수행은 자신과 타인에게 자비심과 사랑을 보내는 연습입니다. 우리는 명상 중에 "모든 존재가 행복하길 바랍니다."라고 마음속으로 반복하며, 그 따뜻한 마음을 점차 넓혀갑니다. 이 수행을 통해 우리는 자신과 타인에 대한 연민과 이해를 깊게 하며, 더 큰 내면의 조화를 이루게 됩니다.

계율(戒)역시 수행의 기본 원리 중 하나입니다. 이는 올바른 행동을 통해 마음을 정화하는 것을 의미합니다. 불교에서는 거짓말을 하지 않기, 생명을 해치지 않기, 절제된 생활을 유지하기 등 여러 계율을 지키며 수행합니다. 이러한 계율을 지킴으로써 우리는 내면의 갈등과 죄책감을 줄이고, 더욱 고요한 마음 상태를 유지할 수 있습니다.

마지막으로, 수행은 꾸준함이 중요합니다. 한 번의 수행으로 모든 것이 해결되지는 않습니다. 수행은 매일의 삶 속에서 반복적으로 실천해야 하는 것입니다. 마치 씨앗을 심고 정성스럽게 물을 주고 돌보아야만 나무가 자라듯, 수행도 인내와 헌신을 필요로 합니다. 이러한 과정을 통해 우리는 내면의 평화를 키우고, 삶의 의미를 더 깊이 깨달아 갈 수 있습니다.

수행의 기본 원리와 방법은 결국 마음을 다스리고 현재의 순간에 집중하며, 자기 자신과 세상에 자비를 베푸는 데 있습니다. 이것이 우리의 마음을 밝히고, 내면의 참된 조화를 이루는 길입니다.

# 삶의 균형을 찾아서

    삶의 균형을 찾는 여정은 불교에서 가르치는 "중도(中道)"의 개념과 깊이 연관되어 있습니다. 중도란 극단을 피하고 균형 잡힌 삶을 살아가는 길입니다. 석가모니 부처님이 왕자로서의 풍요로움과 고행자의 극단적인 고통을 모두 경험한 후 깨달은 길이 바로 이 중도입니다. 이처럼, 균형 잡힌 삶은 극단을 피하고 조화로운 삶의 방식을 찾는 데 있습니다.

    삶의 균형은 단순히 일과 휴식을 적절히 배분하는 것에 그치지 않습니다. 마치 잔잔한 호수에 돌을 던졌을 때, 물결이 퍼져나가는 것처럼 우리의 마음이 어떻게 고요한지에 따라 삶의 전반적인 흐름이 달라집니다. 균형을 잡기 위해서는 감정적, 정신적, 영적인 안정을 유지해야 합니다. 마음이 고요할 때, 외부 세계와도 조화롭게 연결될 수 있습니다.

　불교에서는 마음을 가라앉히고 내면을 들여다보는 명상의 중요성을 강조합니다. 명상은 삶의 균형을 찾는 데 있어 강력한 도구입니다. 명상은 마치 바람에 흔들리는 나뭇잎들이 천천히 고요해지는 것과 같습니다. 처음에는 잡생각이 소용돌이치지만, 시간이 지나면 마음은 점차 고요해지고, 내면의 평화를 경험하게 됩니다. 이 고요함 속에서 우리는 삶의 진정한 의미와 목적을 발견할 수 있습니다.

　인생의 중요한 요소들 가족, 일, 자기 개발은 불교적 가르침에 따르면 인드라망(因陀羅網)의 한 부분과 같습니다. 인드라망은 모든 것이 서로 연결되어 있다는 비유적 개념으로, 우리가 가족에 집중할 때 일에서 벗어나는 것이 아니라, 그 둘이 서로의 의미를 완성해주는 관계에 있음을 뜻합니다. 우리 에너지를 이 중요한 부분들에 잘 분배함으로써 더 의미 있고 조화로운 삶을 살게 됩니다.

　또한, 신체적 건강과 정신적 건강을 함께 돌보는 것은 필수적입니다. 불교에서는 몸과 마음이 둘이 아니라고 말합니다. 마치 연꽃이 진흙 속에서 피어나지만, 진흙에 물들지 않는 것처럼, 우리의 마음과 몸도 서로를 의지하면서 동시에 순수함을 유지할 수 있어야 합니다. 건강한 식습관, 충분한 휴식, 그리고 자신을 위한 시간을 가지는 것은 연꽃이 더 아름답게 피어나기 위해 필요한 물과 햇빛과 같습니다.

　삶은 늘 변화합니다. 이 점에서 불교의 무상(無常)이라는 가르침이 떠오릅니다. 무상은 모든 것이 끊임없이 변화하며, 변화를 거부하는 것이 아니라 받아들여야 한다는 진리를 알려줍니다. 유연하게 변화에 대처하고 그 안에서 최선을 다하는 자세는 마치 물이 흐르는 대로 자신의 형태를 변화시키는 것과 같습니다. 물은 바위에 부딪혀도 길을 찾아 흘러가며 결국 목적지에 도달합니다. 우리도 이러한 유연성을 가질 때, 삶의 변화를 긍정적으로 받아들일 수 있습니다.

마지막으로, 삶의 균형을 찾는 것은 완벽함을 추구하는 것이 아닙니다. 불교에서는 "원만(圓滿)"이라는 단어를 사용합니다. 원만은 모든 것이 완전하게 채워져 있는 상태를 의미하지만, 그 완전함은 우리의 결점까지도 포함합니다. 조화롭고 만족스러운 삶을 살기 위해 끊임없이 노력하는 과정에서 우리는 진정한 행복과 평화를 경험할 수 있습니다.

삶의 균형을 찾는 이 여정은 우리 마음의 고요함을 유지하고, 변화 속에서도 흔들리지 않으며, 모든 것과 조화롭게 연결되는 것을 배우는 과정입니다. 그리고 이 과정은 우리가 스스로를 이해하고, 내면의 지혜를 발견하며, 삶을 온전히 살아가는 길로 인도합니다.

어느 날, 한 스님이 넓고 고요한 강을 건너기 위해 작은 조각배에 올라탔습니다. 스님은 강을 건너며 명상에 잠겼습니다. 물결이 잔잔했고, 강가의 바람도 상쾌하게 불어왔습니다. 스님은 고요한 마음으로 자연의 아름다움을 느끼며 평온을 즐기고 있었습니다.

그러나 갑자기 저 멀리서 큰 소란이 일어났습니다. 뗏목에 탄 한 무리의 사람들이 서로 다투고 있었고, 그들로 인해 강물이 시끄럽게 일렁이기 시작했습니다. 사람들이 다투면서 소리를 지르고, 뗏목은 통제되지 않은 채 스님의 조각배 쪽으로 점점 다가오고 있었습니다.

스님은 마음을 가라앉히고 조용히 배를 조정하려 했지만, 뗏목이 그를 향해 빠르게 돌진해왔습니다. 결국, 뗏목이 스님의 조각배에 부딪혔고, 배는 심하게 흔들리며 기울어졌습니다. 그러나 스님은 놀라지 않았습니다. 그는 여전히 평정심을 잃지 않고 조용히 뗏목을 피해 다시 조각배를 바로잡았습니다.

뗏목에 있던 사람들은 여전히 다투며 소란을 피우고 있었지만, 스님은 그들에게 화를 내거나 불만을 품지 않았습니다. 대신 스님은 마음속에서 이렇게 생각했습니다. "강은 늘 변화하고, 사람들은 저마다 자신만의 속도와 방식을 가지고 살아간다. 이 모든 것이 인연의 흐름 속에 있을 뿐이다. 나는 내 마음의 평화를 지키며 흐름에 따라가면 될 뿐이다."

그 후 스님은 다시 조용히 강을 건너며 미소 지었습니다. 그는 삶의 모든 소란과 변화에도 마음의 균형을 지키는 방법을 알게 되었습니다.

# 내면의 조화

내면의 조화를 이루는 것은 삶의 균형을 찾는 여정에서 가장 중요한 부분 중 하나입니다. 우리는 종종 외부 세계에 집중하며 그 속에서 끊임없이 흔들리는 자신을 발견합니다. 그러나 진정한 균형은 마음 깊은 곳에서 시작됩니다. 내면이 고요하고 조화로울 때, 우리는 어떤 외부 상황에도 흔들리지 않는 강인함을 가질 수 있습니다.

불교에서는 마음의 고요함을 '연꽃'에 비유합니다. 연꽃은 진흙 속에서 자라지만, 그 순수함을 잃지 않고 물 위에서 고고히 피어납니다. 이처럼, 우리의 마음도 세속적인 혼란 속에서도 깨끗하고 고요하게 유지할 수 있어야 합니다. 내면의 조화는 마치 연꽃이 피어나는 과정과도 같습니다. 외부의 혼란이 우리를 둘러싸도, 우리는 그 속에서 평화롭게 피어날 수 있는 힘을 길러야 합니다.

내면의 조화를 이루기 위해서는 첫째, 자신의 감정을 깊이 이해하고 받아들이는 것이 필요합니다. 분노, 두려움, 슬픔과 같은 감정이 일어날 때, 그것을 억누르거나 피하려 하지 말고, 있는 그대로 바라보는 연습이 중요합니다. 감정을 억제하기보다는 그 감정이 어디서 비롯되었는지 관찰하고, 그 순간에도 마음을 고요하게 유지하는 것이 내면의 조화를 이루는 첫걸음입니다.

둘째, 불교에서는 '마음 챙김'을 통해 내면의 조화를 이루는 방법을 가르칩니다. 마음 챙김은 현재의 순간에 완전히 집중하고, 과거나 미래의 걱정에서 벗어나 지금 여기에 존재하는 것을 의미합니다. 마치 고요한 호수의 물이 잔잔할 때, 그 속에 비치는 산과 하늘이 선명한 것처럼, 우리의 마음도 잔잔할 때 비로소 삶의 진정한 모습을 볼 수 있습니다. 내면의 조화는 이 마음 챙김의 연습을 통해 깊어지며, 외부의 변화를 담담히 받아들이는 힘을 기르게 됩니다.

셋째, 내면의 조화는 자기 자신과의 관계에서 비롯됩니다. 자기 자신을 온전히 받아들이고, 있는 그대로의 나를 사랑하는 것이 중요합니다. 우리는 종종 스스로를 비판하고 완벽을 추구하느라 내면의 불안을 키웁니다. 그러나 내면의 조화는 자신을 있는 그대로 인정하고 사랑할 때 이루어집니다. 자신에게 연민과 자비를 베푸는 마음을 키우면, 우리는 스스로에게 더 깊은 평화와 조화를 선물할 수 있습니다.

내면의 조화는 외부의 어떠한 변화도 우리의 중심을 흔들 수 없게 만드는 힘입니다. 고요함 속에서 자신을 바라보고, 마음의 흐름을 수용하며, 균형 잡힌 삶을 살아갈 때, 우리는 비로소 내면의 깊은 평화를 경험하게 됩니다. 그리고 이 조화로운 내면이 우리 삶의 모든 영역에 긍정적인 변화를 가져오게 됩니다.

현대 사회는 빠르게 변화하고 있으며, 우리는 끊임없는 일과 정보, 사람들 속에서 지냅니다. 이로 인해 우리의 마음은 종종 불안하고 초조해지며, 지금 이 순간을 온전히 느끼지 못한 채 지나치는 경우가 많습니다. 이때 불교의 중요한 수행 방법 중 하나인 마음 챙김이 큰 도움이 될 수 있습니다. 마음 챙김은 특정 종교에 국한된 것이 아니라, 일상 속에서 누구나 실천할 수 있는 생활 속 지혜이기도 합니다. 지금부터 일상 속에서 쉽게 실천할 수 있는 마음 챙김 연습에 대해 알아보겠습니다.

가장 기본적이고 효과적인 마음 챙김 방법은 호흡에 집중하는 것입니다. 우리는 무언가에 몰두하거나 스트레스를 받으면 호흡이 얕아지고, 이에 따라 마음도 불안해지기 쉽습니다. 이때 의식적으로 호흡에 집중하면, 점차 마음이 고요해지고 몸과 마음이 안정됩니다.

눈을 감고 편안하게 앉은 뒤, 천천히 숨을 들이쉬고 내쉽니다.

숨이 들어오고 나가는 느낌을 있는 그대로 느껴봅니다.

다른 생각이 떠오르면 그것에 휘둘리지 않고 다시 호흡으로 돌아옵니다.

몇 분간 호흡에만 집중해보세요. 이 간단한 연습만으로도 마음이 차분해지고 현재에 집중할 수 있습니다.

아침은 하루를 시작하는 중요한 순간입니다. 아침에 일어날 때부터 마음 챙김을 실천하면, 하루가 평온하고 더 집중된 상태로 시작됩니다. 아침에 잠에서 깨어나면서 하루를 감사하게 여기고, 몸과 마음을 차분히 깨우는 시간으로 만들어보세요.

알람이 울리면 서둘러 일어나지 말고, 잠시 숨을 고르며 눈을 감고 호흡에 집중해봅니다.

몸을 부드럽게 스트레칭하며, 각 부위의 긴장을 풀어주는 시간을 가집니다. 씻고 준비하는 동안 '나는 오늘 하루에 집중할 준비가 되어 있다'는 다짐을 마음속으로 해봅니다.

걷기는 일상에서 가장 쉽게 실천할 수 있는 마음 챙김 연습입니다. 우리는 종종 목적지를 생각하며 걷거나 걷는 동안 생각에 빠져 주변을 무심코 지나칩니다. 걷기 명상은 걷는 순간에 집중하여 발걸음 하나하나를 느끼며 지금 이 순간에 머무르는 연습입니다.

천천히 걷기 시작하며 발바닥이 땅에 닿는 느낌, 균형을 잡는 몸의 감각에 주의를 기울입니다. 걷는 동안 다른 생각을 내려놓고, 단지 걷는 행위 자체에 집중해보세요. 주변의 공기, 소리, 풍경 등을 느끼며, 자연의 리듬에 맞춰 걸어봅니다. 걷기 명상을 통해 우리는 단순한 발걸음 속에서도 큰 평온과 안정감을 느낄 수 있습니다.

바쁜 생활 속에서 우리는 때때로 식사마저 빠르게 해결하며, 맛과 식감을 충분히 느끼지 못한 채 먹을 때가 많습니다. 음식에 집중하는 마음 챙김 연습은 단순히 '먹는다는' 행동에서 벗어나, 한 끼 식사를 통해 온전히 감각을 깨우고 현재를 느끼게 합니다. 음식을 천천히 입에 가져가며, 그 향과 색을 음미해 봅니다. 한 입을 천천히 씹으면서 식감, 맛, 온도를 느껴봅니다. 음식을 먹으며 감사한 마음을 품고, 모든 감각을 깨워보세요. 이 연습을 통해 식사 시간을 특별하고 소중하게 느끼게 되고, 마음이 충만해집니다.

마음 챙김은 감정을 억누르지 않고 있는 그대로 바라보는 것입니다. 때때로 불안, 슬픔, 화와 같은 감정이 올라올 때 우리는 이를 억누르거나 외면하려고 합니다. 그러나 감정을 억누를수록 그 영향은 더 깊게 남습니다. 마음 챙김은 감정을 있는 그대로 바라보고, 자연스럽게 흘려보내는 연습을 포함합니다.

감정이 올라올 때, 먼저 멈추고 자신의 감정을 알아차려 봅니다. "지금 나는 불안 하구나", "지금 나는 화가 나는구나" 하고 감정을 말로 표현해보세요. 그 감정을 억누르거나 밀어내지 않고, 그저 알아차리고 수용하는 마음을 가집니다. 감정에 반응하지 않고 그대로 바라보면, 감정이 점차 가라앉고 다시 평온을 찾게 됩니다.

우리는 바쁜 일상 속에서 종종 휴식조차 제대로 누리지 못할 때가 많습니다. 휴식 시간에 짧은 침묵과 고요함을 실천하면, 몸과 마음이 자연스럽게 재충전될 수 있습니다. 휴식 중 잠시 눈을 감고, 호흡에 집중하며 몸의 긴장을 풀어봅니다. 짧은 시간이라도 침묵과 고요 속에 머물며, 마음을 쉬게 합니다.

우리는 흔히 여러 가지 여러 일을 동시에 처리하려고 합니다. 그러나 마음 챙김에서는 한 번에 한 가지 일에 집중하는 것이 중요합니다. 이는 우리의 집중력을 높이고, 각 순간에 몰입할 수 있게 하여 마음의 평온을 가져옵니다. 한 가지 일에 온전히 집중하면서, 다른 생각이나 행동은 잠시 뒤로 미룹니다.

예를 들어 이메일을 확인할 때는 그 순간에 집중하고, 다른 업무나 전화는 잠시 보류해 둡니다. 이러한 집중은 업무 효율을 높여주며, 더 나아가 매 순간에 대한 만족감을 느끼게 합니다.

마음 챙김은 우리가 하루 중 언제든 실천할 수 있는 연습입니다. 호흡, 걷기, 식사, 감정에 이르기까지 우리의 일상 속 작은 순간마다 마음 챙김을 실천하면, 우리의 삶은 더욱 평온하고 충만해질 수 있습니다. 마음 챙김을 통해 우리는 과거나 미래에 얽매이지 않고, 지금 이 순간을 온전히 느끼며 살아갈 수 있습니다.

옛날 어느 마을에 현명한 할아버지가 있었습니다. 그에게는 손자가 있었고, 할아버지는 손자에게 삶에 대한 중요한 교훈을 가르쳐주고자 했습니다. 어느 날, 할아버지는 손자에게 이렇게 말했습니다.

"얘야, 우리 안에서는 끊임없는 싸움이 벌어지고 있단다. 그것은 우리 마음속에 살고 있는 두 마리의 늑대 때문이지. 하나는 어둠의 늑대, 다른 하나는 빛의 늑대란다."

손자는 궁금해 하며 물었습니다. "어둠의 늑대는 어떤 늑대인가요?"

할아버지는 대답했습니다. "어둠의 늑대는 분노, 질투, 탐욕, 원망,

거짓, 자만, 그리고 두려움을 상징하지. 그는 우리 마음을 어지럽히고 불안하게 만들며, 우리 내면의 평화를 깨뜨리는 늑대란다."

손자는 다시 물었습니다. "그럼 빛의 늑대는 어떤 늑대인가요?"

할아버지는 따뜻하게 미소 지으며 설명했습니다. "빛의 늑대는 사랑, 평화, 자비, 기쁨, 겸손, 친절, 그리고 믿음을 상징해. 그는 우리의 내면을 밝히고 조화를 이루며, 우리에게 평화와 행복을 가져다주는 늑대란다."

손자는 잠시 생각에 잠기다가 다시 물었습니다. "그럼 두 마리의 늑대가 싸운다면, 어느 늑대가 이기게 되나요?"

할아버지는 잠시 눈을 감고 조용히 대답했습니다. "그것은 네가 더 많이 먹이를 주는 늑대가 이긴단다."

이 이야기는 우리 내면에서 끊임없이 갈등하는 두 가지 마음 상태를 상징합니다. 어둠의 늑대는 부정적이고 혼란스러운 감정을, 빛의 늑대는 긍정적이고 평화로운 감정을 나타냅니다. 내면의 조화를 이루기 위해서는 빛의 늑대에게 먹이를 주는, 즉 사랑과 자비, 평화를 키우는 선택을 해야 한다는 것입니다.

우리 마음속의 싸움은 피할 수 없는 것이지만, 어느 쪽에 힘을 실어 줄지는 우리의 선택에 달려 있습니다. 내면의 조화를 이루기 위해서는 긍정적이고 평화로운 마음을 가꾸고, 부정적인 감정에 휘둘리지 않도록 의식적으로 노력해야 합니다.

# 수행의 균형적 접근

수행의 길을 걷는 데 있어서 균형은 매우 중요합니다. 불교에서 강조하는 중도(中道)의 가르침처럼, 수행 역시 지나친 극단에 치우치지 않고 균형을 유지하는 접근법을 필요로 합니다. 수행의 균형적 접근이란, 우리의 내면을 단련하고 마음의 평화를 이루기 위해 너무 긴장하거나 너무 느슨하지 않은 상태를 유지하는 것을 의미합니다.

우리는 종종 수행을 너무 엄격하게 받아들이거나, 반대로 지나치게 느슨하게 여기곤 합니다. 지나치게 엄격한 수행은 심리적 부담과 몸의 피로를 초래할 수 있으며, 오히려 마음의 고요함을 방해할 수 있습니다. 반면, 너무 느슨하게 수행하면 우리가 원하는 내면의 성장과 깨달음을 이루기 어렵습니다. 수행은 이러한 극단을 피하고 적절한 균형을 유지하는 것이 중요합니다.

균형적 접근의 첫 번째 요소는 마음과 몸의 균형입니다. 마음의 수행에만 집중하다 보면, 몸이 피곤해지거나 긴장하게 되어 수행의 효과가 떨어질 수 있습니다. 반대로, 몸을 지나치게 중시하다 보면 정신적인 집중력이 흐트러질 수 있습니다. 따라서 우리는 몸과 마음을 함께 돌보며 균형을 유지해야 합니다. 예를 들어, 명상 전에는 가벼운 스트레칭을 통해 몸을 이완시키고, 명상 후에는 충분한 휴식을 취하는 것이 좋습니다. 몸과 마음이 함께 조화를 이룰 때, 수행의 효과는 극대화됩니다.

두 번째 요소는 일상과 수행의 균형입니다. 많은 사람들은 수행을 특별한 시간에만 해야 하는 일로 여깁니다. 그러나 수행은 일상생활과 밀접하게 연결되어 있어야 합니다. 일상에서 마음 챙김을 실천하고, 작은 일에도 자비심을 베풀며, 그 순간에 온전히 존재하는 것이 중요합니다. 그러나 그렇다고 수행만이 삶의 중심이 되어서는 안 됩니다. 가족, 일, 사회적 관계 등 우리의 삶의 다른 부분도 균형 있게 돌보아야 합니다. 수행과 일상이 서로 보완하며 조화를 이룰 때, 우리는 진정한 내면의 성장을 경험할 수 있습니다.

세 번째 요소는 감정과 이성의 균형입니다. 수행을 하다 보면 감정적인 경험이 일어나기도 하고, 때로는 깊은 통찰이 떠오르기도 합니다. 감정을 무조건 억누르거나 지나치게 몰입하지 않고, 이성과 감정을 균형 있게 바라보는 것이 필요합니다. 감정은 있는 그대로 인정하되, 이성적으로 관찰하는 연습을 통해 우리는 내면의 조화를 이룰 수 있습니다. 이러한 균형 잡힌 마음 상태는 우리에게 더 큰 명료함과 평화를 가져다줍니다.

마지막으로, 수행의 균형적 접근은 인내와 유연성을 필요로 합니다. 우리는 수행에서 빠른 성과를 기대하기보다는, 차분하고 꾸준한 마음으로 나아가야 합니다. 때로는 수행이 잘 되는 날이 있고, 그렇지 않은 날도 있을 것입니다. 그럴 때는 스스로를 다그치기보다 자비로운 마음으로 받아들이는 것이 중요합니다. 또한, 삶의 변화에 따라 수행의 방식을 유연하게 조정하는 것도 균형적인 접근의 한 부분입니다.

결국, 수행의 균형적 접근이란 지나친 집착이나 방임을 피하고, 몸과 마음, 일상과 수행, 감정과 이성, 인내와 유연성 사이에서 적절한 조화를 찾는 것입니다. 이렇게 균형을 유지할 때, 우리는 더 깊은 평화와 깨달음의 상태로 나아갈 수 있습니다.

# 수행 중 직면하는 어려움

　수행은 마음을 고요히 하고 내면의 성장을 이루기 위한 귀중한 과정이지만, 그 여정에서 다양한 어려움에 직면하는 것은 불가피합니다. 수행을 시작할 때는 비교적 순조로워 보일 수 있지만, 시간이 지나면서 내면의 장애물과 도전에 맞닥뜨리게 됩니다. 이러한 어려움은 수행의 중요한 부분으로, 이를 잘 이해하고 극복하는 것이 수행의 진정한 성장을 이끌어줍니다.

　첫 번째 마음의 산란함이 큰 어려움입니다. 명상을 하거나 마음 챙김을 실천할 때, 우리는 끊임없이 떠오르는 생각들에 쉽게 사로잡히곤 합니다. 계획해야 할 일, 과거의 후회, 미래에 대한 불안 등 수많은 생각들이 마음을 어지럽히며 집중을 방해합니다. 이것은 누구에게나 공통적으로 나타나는 어려움입니다. 마음이 산란해질 때마다 실망하거나 좌절하지 말고, 그저 다시 호흡이나 현재의 순간으로 마음을 되돌리는 것이 중요합니다. 수행은 마치 고요한 연못에 파문이 일어날 때 그것을 억지로 가라앉히기보다, 시간이 지나면 물이 자연스럽게 잔잔해지기를 기다리는 것과 같습니다.

두 번째 몸의 불편함도 자주 겪는 어려움 중 하나입니다. 오랜 시간 동안 앉아서 명상하거나 수행을 할 때 몸이 뻐근해지고, 어깨나 다리에 통증이 생기기도 합니다. 이럴 때는 몸을 억지로 무리하게 유지하기보다, 몸의 신호를 존중하면서 편안한 자세를 찾아가는 것이 중요합니다. 수행 중 몸의 불편함은 우리에게 인내심과 수용의 마음을 가르쳐줍니다. 동시에, 몸과 마음이 서로 연결되어 있음을 깨닫게 해주는 중요한 기회이기도 합니다.

세 번째 감정적 장애물이 수행의 큰 도전으로 나타납니다. 수행을 하다 보면 억눌렸던 감정이나 잊고 있던 상처가 떠오르기도 합니다. 분노, 슬픔, 두려움 같은 감정이 부상할 때 우리는 그 감정을 어떻게 처리해야 할지 몰라 당황할 수 있습니다. 이 감정들은 마음의 깊은 층에 숨어 있던 것을 드러내며 치유의 기회를 제공합니다. 중요한 것은 이러한 감정을 억제하거나 피하려 하지 않고, 있는 그대로 바라보는 연습을 하는 것입니다. 감정을 마주하고 그 감정에 휘둘리지 않는 법을 배우는 것은 내면의 성장을 이끄는 중요한 수행입니다.

네 번째 의욕 상실도 수행 중 흔히 겪는 어려움입니다. 수행을 지속하다 보면 때로는 지루함이나 무기력함을 느끼고, 왜 수행을 하는

지 회의감이 들기도 합니다. 이럴 때는 처음 수행을 시작했을 때의 마음가짐을 되새기며, 작은 성취를 인정하고 격려하는 것이 중요합니다. 수행은 마라톤과 같아서, 꾸준한 노력이 필요하며, 작은 성취들이 쌓여 더 큰 변화로 이어집니다. 의욕이 떨어질 때는 휴식을 취하거나, 다양한 수행 방식을 시도해보며 동기를 되찾는 것도 도움이 됩니다.

마지막 성과에 대한 집착이 수행을 방해할 수 있습니다. 우리는 흔히 수행을 통해 빠르게 깨달음을 얻고, 눈에 보이는 변화를 기대합니다. 그러나 수행은 결과보다 과정에 집중하는 것이 중요합니다. 수행의 목적은 목표를 성취하는 것이 아니라, 지금 이 순간을 깊이 경험하고, 내면의 평화를 찾는 것입니다. 성과에 집착할 때 우리는 본래 수행의 본질을 잃어버리게 됩니다. 그럴 때는 욕심을 내려놓고, 단순히 수행을 있는 그대로 받아들이는 마음을 키워야 합니다.

수행 중 직면하는 이러한 어려움들은 모두 우리의 성장 과정에서 반드시 마주해야 할 도전입니다. 어려움이 나타날 때 좌절하지 않고, 그것을 수행의 일부로 받아들이며 인내와 자비심을 실천하는 것이 중요합니다. 수행은 끊임없는 연습과 끈기를 요구하는 여정이지만, 이 과정에서 우리는 점차 깊은 내면의 평화와 지혜를 발견하게 될 것입니다.

부처님이 보리수 아래에서 깨달음을 얻기 직전, 그는 내면과 외부의 수많은 장애물과 맞서야 했습니다. 그중에서도 가장 큰 시련은 마라의 유혹이었습니다. 마라는 악마이자 마음속의 모든 부정적 요소를 상징하는 존재로, 부처님이 깨달음을 얻지 못하도록 온갖 방해를 시도했습니다.

마라는 먼저 두려움과 불안으로 부처님의 마음을 흔들려고 했습니다. 그는 거센 폭풍과 천둥, 번개를 일으키고, 흉포한 군대를 보내어 부처님을 위협했습니다. 하지만 부처님은 마음을 고요히 하고, 자신의 내면을 흔들림 없이 지켰습니다. 그 어떤 두려움도 부처님의 결의를 꺾을 수 없었습니다.

마라는 이어서 욕망과 쾌락의 유혹을 보냈습니다. 그는 아름다운 여인들을 만들어 부처님의 마음을 어지럽히려 했습니다. 이 유혹은 수행자라면 누구나 직면할 수 있는 감정적 장애물을 상징합니다. 하지만 부처님은 욕망에 사로잡히지 않고, 그저 그것들이 일어났다가 사라지는 현상일 뿐이라고 바라보았습니다. 그는 내면의 평화를 유지하며 유혹에 흔들리지 않았습니다.

마지막으로, 마라는 의심의 씨앗을 심으려 했습니다. "너는 깨달음을 얻을 자격이 없다. 네가 여기서 이렇게 앉아 있는 것이 무슨 소용이 있겠느냐?"라며 부처님의 의지를 흔들어 놓으려 했습니다. 이는 수행 중에 흔히 느끼는 회의감과 의욕 상실을 상징합니다. 그러나 부처님은 단호하게 대답했습니다. 그는 자신이 오랜 수행을 통해 이 자리에 왔음을 확신했고, 의심을 떨쳐냈습니다.

결국, 마라의 모든 시도는 실패로 끝났고, 부처님은 흔들리지 않는 마음의 힘으로 마라를 물리쳤습니다. 그는 완전한 깨달음에 이르러 부처가 되었습니다.

이 이야기는 수행 중에 누구나 겪을 수 있는 어려움을 잘 보여줍니다. 두려움, 욕망, 회의감 같은 장애물은 수행의 과정에서 반드시 마주하는 것들입니다. 그러나 부처님처럼 이 모든 것을 그저 일어났다가 사라지는 현상으로 바라보며, 마음을 흔들림 없이 지키는 것이 중요합니다. 수행 중의 어려움은 우리의 내면을 더욱 단단하게 하고, 깨달음에 이르게 하는 중요한 과정이라는 것을 알려줍니다.

많은 수행자들이 명상 중에 직면하는 어려움을 회고하며 다음과 같은 체험담을 나누기도 합니다. 한 수행자는 명상을 시작할 때마다 끊임없이 떠오르는 생각들 때문에 힘들었다고 고백했습니다. 그럴 때마다 그는 점점 좌절감을 느끼고 자신이 명상을 잘하지 못한다는 생각에 사로잡혔습니다. 하지만 어느 날, 스승이 그에게 말했습니다. "생각은 마치 하늘을 가로지르는 구름과 같습니다. 하늘이 구름에 의해 사라지지 않는 것처럼, 너의 본래 마음도 사라지지 않아. 구름을 억지로 없애려 하지 말고, 그저 바라보아라."

그 수행자는 이 말을 듣고, 마음에 떠오르는 생각을 억지로 없애려 하지 않고 그저 바라보는 연습을 시작했습니다. 그는 시간이 지나면서 생각이 점점 흐르고 사라지는 것을 관찰할 수 있었고, 내면의 평화를 경험하게 되었습니다. 그는 깨달았습니다. 어려움은 단지 일시적인 것이며, 그것을 받아들이고 지나가게 두는 것이 수행의 핵심이라는 것을요.

이 체험담은 수행 중 직면하는 어려움이 우리를 단련시키고 성장하게 하는 과정임을 잘 보여줍니다. 수행자라면 누구나 겪는 장애물이지만, 그것을 지혜롭게 바라보고 극복할 때 우리는 더욱 깊은 내면의 평화와 깨달음에 다가갈 수 있습니다.

# 업을 정화하는 수행법

업을 정화하는 수행법들은 각 불교 전통에서 강조하는 바와 수행 방식이 조금씩 다를 수 있지만, 그 본질은 모든 존재가 고통에서 벗어나기 위한 길을 찾도록 돕는 데 있습니다. 이러한 수행법들을 지속적으로 실천함으로써 업을 정화하고 깨달음에 가까워질 수 있습니다.

업을 정화하는 구체적 불교 수행법에는 참회, 자비심 함양, 공덕 쌓기, 명상 및 지혜 개발과 같은 방법들이 있습니다. 아래는 수행자들이 이를 실천할 수 있는 구체적 방법과 기술을 설명한 내용입니다.

참회 수행: 금강살타 수행  티베트에서는 금강살타 수행을 통해 마음을 정화합니다. 수행자는 "백 자의 진언"을 암송하면서 마음속 부정적인 업을 씻어내는 이미지를 떠올립니다. 이 수행은 업을 정화하기 위한 강력한 수행법으로, 매일 아침과 저녁에 반복적으로 수행할 수

있습니다.

이 수행에서 사용하는 진언은 "백 자의 진언"이라고 불리며, 금강살타 보살의 진언을 100번 반복합니다. 이 진언의 핵심은 자신을 성찰하고, 업에 대한 책임을 자각하며 부정적 업을 씻어내려는 진심 어린 참회에 있습니다. 이 수행은 마음속의 모든 부정적 요소가 금강살타 보살의 청정한 빛에 의해 씻겨 나가는 이미지를 떠올리며 반복적으로 진언을 암송하는 방식으로 진행됩니다.

조용하고 안정된 공간에 앉아 금강살타 보살의 형상을 눈앞에 떠올립니다. 진언을 외우며, 마음속의 부정적 업이 청정한 빛에 의해 사라지는 것을 상상합니다. 수행을 마치고 평온한 마음으로 모든 생명에 대한 자비심을 발휘하며 마무리합니다.

-금강살타 백자진언-

옴 벤자 싸또 싸마야 마누 빨라야,

(옴, 금강살타시여! 서언을 수호 하소서!)

벤자 싸또 메노빠띠따, 틧토 메 바와,

(금강살타시여! 현전하여 머무소서! 제가 견고하게 하소서!)

수또카요 메 바와, 수뽀카요 메 바와,

(제가 매우 기쁘게 하소서! 제가 매우 광대하게 하소서!)

아누라또 메 바와, 살와싯디 메 쁘라야짜,

(제가 자애롭게 하소서! 제가 모든 것을 성취케 하소서!)

살와 깔마 수 짜 매, 찌땀 쓰리얌 꾸루 훔,

(저의 모든 업이 제 마음을 위광 있게 하소서! 훔)

하하하하호,

(사무량심, 사환희, 사신의 성취와 5분 부족을 상징)

바가반, 쌀와 따타가타 벤자 마메 문짜,

(세존, 일제 여래의 금강이시여! 저를 버리지 마시고)

벤지 바와, 마하 싸마야 싸또,

아 [훔 팥]

금강의 성품을 이루게 하소서! 대 서언의 존재이시여! 아!


## 1. 재물 보시 (재보시, 財布施)

물질적인 자원을 나누는 것을 의미하며, 물질적인 도움을 필요로 하는 사람들에게 자신의 재산, 음식, 옷 등을 나누어 주는 것입니다. 다음과 같은 방법으로 수행할 수 있습니다.

필요한 곳에 기부하기: 도움이 필요한 단체나 사람에게 기부금을 제공하는 것.

음식 나누기: 주변의 어려운 사람들에게 음식을 나누거나, 봉사 활동으로 참여하기.

물품 나누기: 더 이상 필요 없는 옷이나 물건을 다른 사람에게 나누어 주는 것.

재물 보시는 다른 사람의 필요를 채우면서도 자신의 집착을 내려 놓는 효과가 있습니다.

## 2. 법 보시 (법보시, 法布施)

법 보시는 불교의 가르침을 전하는 것을 말합니다. 이는 물질적인 것에 국한되지 않고 마음을 나누는 것을 포함합니다. 법 보시의 실천 방법은 다음과 같습니다.

경전 읽고 나누기: 경전이나 불교의 가르침을 함께 읽고, 그 내용을 나누는 모임에 참여하거나 주도하기.

지혜와 지식 나누기: 불교 지혜뿐만 아니라, 유익한 지식을 다른 사람에게 가르치고 나누어 주기.

명상 안내: 명상을 배우고, 이를 다른 사람들에게 전해주는 역할을 맡아 함께 수행하기.

법 보시는 상대에게 진정한 지혜를 제공함으로써 그들이 스스로의 고통을 줄이고 행복을 찾을 수 있게 돕습니다.


## 3. 무외 보시 (무외시, 無畏布施)

무외 보시는 두려움을 없애주고 상대방이 안심할 수 있도록 돕는 행위입니다. 상대방의 불안과 고통을 덜어주는 방식으로 이루어집니다.

심리적 지지 제공: 어려움에 처한 사람들에게 진심 어린 위로와 지지를 제공하기.

안전한 환경 제공: 사람들에게 안락하고 안전하다고 느낄 수 있는 환경을 마련해 주기.

폭력과 차별 없이 대하기: 차별이나 폭력을 행사하지 않고 모든 이에게 평등하게 대하는 태도를 가지기.

어느 날, 한 제자가 스승에게 물었습니다. "스승님, 저는 살아오면서 많은 잘못을 저질렀고, 마음이 더러워진 것 같습니다. 그동안의 악업을 어떻게 정화할 수 있을까요?" 스승은 미소를 지으며 제자를 연못으로 데려갔습니다.

스승은 연못에 작은 그릇 하나를 넣어 연못의 물을 퍼내어 보였습니다. 그 물은 흙탕물처럼 탁하고 더러웠습니다. "이 더러운 물을 어떻게 맑게 할 수 있을지 생각해 보거라," 스승이 제자에게 말했습니다. 제자는 잠시 고민하더니, 흙탕물을 없애기 위해 물을 계속 퍼내려 했습니다. 그러나 아무리 물을 퍼내도 연못의 물은 여전히 탁했습니다. 오히려 물을 퍼낼수록 연못은 더 혼탁해지는 듯했습니다.

스승은 제자에게 다른 방법을 알려주었습니다. "탁한 물을 퍼내는 대신, 맑은 물을 계속해서 부어 보거라." 제자는 스승의 가르침대로 깨끗한 물을 연못에 천천히 부었습니다. 시간이 지나자 연못의 더러운 물은 점점 씻겨 나가고, 마침내 맑은 물로 가득 찼습니다.

스승은 제자에게 이렇게 설명했습니다. "우리의 마음도 이 연못과 같단다. 잘못된 행동과 악업이 우리 마음을 더럽히지만, 억지로 과거를 지우려 애쓰는 것만으로는 마음을 정화할 수 없다. 오히려 우리는 계속해서 좋은 생각과 자비로운 행동을 더해가야 한다. 그 과정에서 우리의 업은 서서히 정화되고, 마음은 맑아지게 될 것이다."

이 이야기는 업의 정화 과정을 설명하는 데 있어 중요한 가르침을 전해줍니다. 과거의 잘못과 죄책감을 억지로 지우려 애쓰는 대신, 지속적으로 선행을 쌓고 마음을 자비롭게 다스리는 것이 더 효과적이라는 것입니다. 우리 마음속의 악업이 아무리 깊이 뿌리내렸더라도, 끊임없이 맑은 물, 즉 선한 행동과 자비로운 마음을 채워나갈 때 그 악업은 서서히 정화됩니다.

이 비유는 우리의 삶에서도 적용됩니다. 자신이 저지른 잘못에 매몰되어 괴로워하는 대신, 그 에너지를 긍정적인 행동으로 전환하여 내면을 변화시키는 것이 중요합니다. 지속적인 수행과 선행을 통해 우리는 마음을 점차 정화하고, 더 고요하고 맑은 상태로 나아갈 수 있습니다.

# 사마타와 위빠사나 수행

사마타(Samatha)는 산스크리트어로 '고요함'이나 '평정'을 의미하며, 마음을 집중하여 평온함을 얻는 수행 방법을 가리킵니다. 불교의 수행에서 마음을 안정시키고 흔들림 없이 집중할 수 있는 상태에 이르게 하는 명상법으로, 특히 마음의 산란과 동요를 줄여 평정한 상태를 유지하는 것을 목표로 합니다.

사마타는 위빠사나(Vipassana)와 함께 불교의 주요 수행법 중 하나로서, 이 두 가지 수행법을 병행할 때 마음을 밝게 하고 깨달음에 이를 수 있다고 여겨집니다. 사마타가 마음을 고요하고 집중된 상태로 이끌어주는 수행이라면, 위빠사나는 그러한 고요함 속에서 진리를 직관적으로 통찰하는 수행입니다.

사마타 수행의 목적은 마음의 혼란을 줄이고, 내면의 평온을 경험하며, 궁극적으로 고요함 속에서 깊은 집중 상태인 선정(禪定)에 도달하는 것입니다. 이를 통해 마음의 산만함과 탐욕, 분노, 두려움과 같은 감정에서 벗어나 평화로운 상태를 유지할 수 있습니다

준비 조용하고 편안한 자세로 앉아 몸과 마음을 이완합니다. 허리를 곧게 펴고, 손은 무릎 위에 올리거나 손등을 맞대어 손바닥을 위로 향하게 둡니다.

집중하기 가장 흔한 사마타 명상법은 호흡에 집중하는 것입니다. 코로 들어오고 나가는 공기의 흐름에 주의를 기울이며, 호흡에 의식을 집중합니다. 이때 호흡의 길이나 강도를 바꾸지 않고 자연스럽게 흘러가게 둡니다.

명상 대상 정하기 사마타 명상에서는 한 가지 명상 대상을 선택하여 집중합니다. 호흡 외에도 촛불의 불빛, 특정한 소리, 만트라, 또는 부처님의 형상 등이 대상이 될 수 있습니다. 이 대상에 집중하면서 다른 잡념이 떠오르면, 그것을 놓아버리고 다시 대상에 주의를 기울입니다.

집중 강화 명상 대상을 유지하며 흐트러짐 없이 지속적으로 집중을 강화해 나갑니다. 이 과정에서 몸과 마음이 안정되고 깊은 고요함에 들어가게 됩니다.

잡념 다루기 명상 중에 잡념이나 다른 감정들이 떠오를 수 있습니다. 이러한 생각이 일어날 때, 이를 억제하거나 밀어내려 하지 말고, 자연스럽게 지나가도록 두면서 다시 명상 대상으로 돌아갑니다.

마무리 명상에서 돌아올 때는 호흡을 깊게 하며, 천천히 몸과 마음을 깨우고 감사의 마음으로 명상을 마무리합니다. 수행 방호흡 가장 기본적인 사마타 수행법으로, 호흡에 집중하는 방법입니다. 들숨과 날숨에 주의를 집중하여, 호흡 외의 다른 생각이나 감정이 떠오르면 다시 호흡으로 돌아오도록 합니다. 호흡에만 집중하는 과정에서 마음이 안정되고 고요해집니다.

대상을 정하고 집중하기 마음을 특정 대상에 고정시키고 집중하는 방법으로, 마음의 산만함을 억제합니다. 집중할 대상은 촛불, 꽃, 불상, 또는 특정 이미지가 될 수 있습니다. 이러한 대상에 오랜 시간 동안 집중하면, 생각이 가라앉고 고요한 마음 상태에 이르게 됩니다.

자비와 사랑의 마음 기르기 모든 존재에 대한 자비와 사랑을 확장시키는 자비명상이나 사무량심(네 가지 끝없는 마음)을 통해 마음을 고요하게 하는 방법입니다. 이는 나 자신과 타인에 대한 자애와 연민을 키우고, 평화로운 마음 상태로 이끄는 역할을 합니다.

걸음걸이와 신체 움직임 관찰 걷기와 같은 일상적인 움직임에 주의를 기울여 그 움직임 하나하나를 관찰하는 것입니다. 이를 통해 현재의 순간에 집중하고 마음을 고요하게 유지합니다.

정신적 평온 마음의 불안과 스트레스를 줄이고 내면의 평화와 안정을 경험할 수 있습니다.

집중력 향상 한 가지에 집중하는 힘을 키워 마음의 흔들림을 줄이고, 산만함 없이 지속적인 주의 집중을 할 수 있습니다.

감정 조절 분노, 불안, 슬픔과 같은 감정을 줄이고, 긍정적인 마음 상태를 유지하는 데 도움이 됩니다.

정화된 마음 부정적인 감정과 번뇌가 사라지면서, 마음이 맑고 고요해져 더 높은 수준의 깨달음에 다가갈 수 있는 발판이 됩니다.

사마타는 이처럼 마음을 고요히 집중시켜 번뇌를 줄이고 내면의 평정을 유지하는 수행으로, 위빠사나 수행과 함께 수행할 때 깨달음의 길에 큰 도움이 됩니다.


위빠사나는 '있는 그대로 본다'는 의미를 지닌 불교의 명상 수행법으로, 통찰을 통해 궁극적으로 마음의 평화와 해탈에 이르는 것을 목표로 합니다. 위빠사나 수행법은 마음과 몸을 깊이 관찰함으로써 모든 현상을 있는 그대로 이해하고, 무상(無常), 무아(無我), 고(苦)의 진리를 체득하는 과정입니다.

위빠사나 수행의 목적은 마음과 감각의 현상을 주의 깊게 관찰하면서, 그 본질을 깨닫고 고통의 근원을 알아차리는 데 목적이 있습니다. 이를 통해 탐욕, 성냄, 어리석음 등의 번뇌를 극복하고 내적 평화를 이루는 것이 최종 목표입니다.

아나파나사티는 호흡에 집중 들숨과 날숨의 움직임을 있는 그대로 관찰합니다. 숨이 들어오고 나가는 과정을 자연스럽게 지켜보며, 호흡의 길이나 감각에 집중하여 그 상태를 알아차립니다.

집중력 유지 생각이나 감정이 떠오르면 그것을 억제하지 않고 알아차린 뒤 다시 호흡으로 돌아옵니다. 이 과정에서 마음의 고요함을 유지하며 현재의 순간에 집중합니다.

현재에 머물기 과거의 일이나 미래에 대한 생각을 떨쳐버리고, 오로지 현재의 순간에 집중합니다. 현재를 있는 그대로 보며, 변화하는 감각을 주의 깊게 관찰하는 마음가짐이 중요합니다.

내적 평화와 안정 자신의 생각과 감정을 있는 그대로 관찰하면서 마음이 고요해지고 평화로운 상태에 이르게 됩니다.

집착과 고통의 해소 무상, 무아, 고의 본질을 이해하고 집착과 고통을 내려놓음으로써 자유로움을 느낍니다.

마음의 명료함 마음의 속성과 법을 이해하게 되면서, 판단이나 편견 없이 사물을 있는 그대로 보는 능력이 향상됩니다. 위빠사나 수행은 꾸준한 연습을 통해 마음을 맑게 하고, 궁극적으로 고통에서 벗어나 해탈과 깨달음의 경지에 다가갈 수 있게 돕는 수행입니다.

위빠사나 명상 위빠사나는 마음의 혼란과 업의 원인을 직시하는 통찰 명상으로, 자신의 감정, 생각, 육체의 변화 등을 관찰하는 방식입니다. 이 명상은 업의 작용과 원인을 이해하고 정화하는 데 매우 효과적입니다.

옛날에 한 마을에 매우 현명한 스승이 살고 있었습니다. 어느 날, 그의 제자들이 찾아와 물었습니다. "스승님, 사마타(심일경) 수행과 위빠사나(관찰) 수행이 어떻게 다른지, 그리고 왜 두 수행이 함께 필요합니까?"

스승은 미소를 지으며 근처에 앉아 있는 아름다운 새를 가리켰습니다. "저 새를 보아라. 하늘을 나는 새가 한쪽 날개만으로 날 수 있겠느냐?" 제자들은 고개를 저으며 대답했습니다. "아닙니다, 스승님. 새는 두 날개가 모두 있어야 하늘을 날 수 있습니다."

스승은 설명을 이어갔습니다. "맞다. 사마타 수행과 위빠사나 수행도 마치 새의 두 날개와 같단다. 사마타 수행은 마음을 고요하고 집중하게 만들어, 혼란스러운 생각이 가라앉고 내면에 평화가 깃들게 한다. 이것은 새의 한쪽 날개와 같아서, 마음을 단단히 안정시키고 한곳에 고정하는 힘을 준다. 하지만 사마타 수행만으로는 마음의 본질을 깊이 이해할 수 없다."

스승은 잠시 쉬고 나서 계속 말했다. "반면에 위빠사나 수행은 마음을 관찰하고, 모든 현상을 있는 그대로 알아차리는 수행이다. 위빠사나는 지혜를 키우고, 우리가 세상의 무상함과 고통의 원인을 명확히 이해하도록 도와준다. 이것은 새의 다른 날개와 같다. 그러나 위빠사나만 한다면, 마음이 쉽게 흔들리고 산란해질 수 있다."

"그래서 수행자는 두 날개를 모두 사용해야 하느니라. 사마타 수행으로 마음을 고요히 하고 집중력을 기르며, 위빠사나 수행으로 마음의 본질을 깊이 관찰하며 깨달음을 얻어야 한다. 두 수행이 균형을 이루면, 우리는 마치 새가 두 날개를 펴고 하늘을 나는 것처럼, 마음의 자유와 깨달음에 도달할 수 있게 된다."

이 비유는 사마타와 위빠사나 수행이 서로 보완적인 관계에 있다는 것을 잘 보여줍니다. 사마타 수행은 마음을 안정시키고, 집중력과 평온을 가져오는 수행입니다. 이는 혼란스럽고 산란한 마음을 가라앉히는 데 효과적입니다. 위빠사나 수행은 깊이 있는 통찰을 통해 진리를 깨닫게 하는 수행으로, 마음의 본질을 있는 그대로 관찰하고 이해하는 데 중점을 둡니다.

사마타는 마음을 고요하게 하는 힘을 제공하고, 위빠사나는 지혜를 통해 마음의 본질을 밝히는 역할을 합니다. 둘 중 하나만으로는 깨달음에 이를 수 없으며, 두 수행이 함께 어우러질 때 비로소 마음이 완전히 자유로워지고 깨달음의 상태에 이를 수 있다는 가르침을 전해줍니다.

이 비유는 우리에게 마음을 다스리고 관찰하는 두 가지 수행의 균형을 이해하고, 이를 실천해야만 완전한 수행의 열매를 맺을 수 있음을 일깨워 줍니다.

# 팔정도수행

팔정도(八正道)는 고통의 원인인 번뇌와 무지를 없애고, 깨달음과 해탈에 이르는 불교의 기본 수행법입니다. 팔정도는 부처님이 설한 수행의 길이며, 올바른 삶의 방식과 마음가짐을 갖추기 위한 여덟 가지 길로 이루어져 있습니다. 이 여덟 가지 수행법은 다음과 같습니다.

## 정견 (正見, 올바른 견해)

세상을 올바르게 이해하고 진리를 깨닫는 것, 특히 사성제(四聖諦) 즉, 고통의 진리와 고통의 원인, 고통의 소멸, 그리고 고통을 없애는 길인 팔정도 자체를 이해하는 것이 중요합니다.

수행 방법: 경전이나 불법의 가르침을 배우고, 사성제와 연기법 등의 가르침을 이해하며, 모든 현상이 무상하고 무아임을 이해하는 노력을 기릅니다.

## 정사유 (正思惟, 올바른 생각)

번뇌와 욕망에서 벗어나려는 바른 의도를 가지는 것입니다. 자비와 사랑의 마음을 갖고 탐욕과 분노를 내려놓는 것이 목표입니다.

수행 방법: 자비와 연민을 기르고, 긍정적이고 이타적인 생각을 키우며, 집착과 분노를 버리는 연습을 합니다. 특히, 수행 중 일어나는 부정적인 생각을 알아차리고 이를 고쳐 나가려는 노력을 기릅니다.

## 정어 (正語, 올바른 말)

거짓말이나 악담, 험담, 쓸데없는 말을 하지 않고, 진실 되고 긍정적인 언어를 사용하는 것입니다.

수행 방법: 진실한 말과 상대를 배려하는 말을 연습하며, 다른 사람을 해치지 않고 도움이 되는 말만을 사용합니다. 말을 하기 전에 내가 하려는 말이 진실하고 유익한지, 부드러운지 생각하는 습관을 기릅니다.

## 정업 (正業, 올바른 행동)

불선한 행동을 피하고, 남에게 해를 끼치지 않으며 선한 행위를 실천하는 것입니다.

수행 방법: 다른 존재를 해치지 않고, 도둑질이나 간음 같은 불건전한 행동을 멀리하며, 자신의 행위가 타인에게 어떤 영향을 미칠지 생각하는 자세를 유지합니다.

## 정명 (正命, 올바른 생활)

생업을 통해 타인에게 해를 끼치지 않으며 정당하게 살아가는 것을 말합니다.

수행 방법: 타인이나 자연을 해치는 일을 피하고, 정직하고 정당한 직업을 통해 삶을 영위합니다. 이를 위해 자신의 직업이 윤리적이고 사회적으로 유익한지를 점검합니다.

### 정정진 (正精進, 올바른 노력)

나쁜 마음과 행위를 없애고 좋은 마음과 행위를 기르기 위해 끊임없이 노력하는 것입니다.

수행 방법: 불선한 마음이나 행동이 떠오를 때 이를 제어하고, 선한 마음을 기르기 위해 의도적으로 노력합니다. 매일 명상과 마음 챙김 연습을 통해 집중력을 기르고, 번뇌와 무지에서 벗어나기 위해 정진합니다.

### 정념 (正念, 올바른 마음챙김)

현재 순간의 모든 행위와 감각에 깨어 있어, 생각과 감정, 몸과 마음의 움직임을 분명하게 알아차리는 것입니다.

수행 방법: 호흡, 신체 감각, 감정, 마음 상태에 주의를 기울여 명상과 마음챙김을 실천합니다. 일상에서도 현재 순간에 집중하는 연습을 통해 산만함을 줄이고, 매 순간의 변화를 있는 그대로 받아들이도록 노력합니다.

### 정정 (正定, 올바른 집중)

마음을 한 곳에 집중시켜 고요하고 흔들림 없는 상태에 이르게 하는 것입니다. 선정(禪定)을 통해 마음의 평화와 집중력을 높이는 것이 목표입니다.

수행 방법: 아나파나사티(Ānāpānasati)(호흡 명상)와 같은 집중 수행을 통해 마음을 고요하게 가라앉히고, 일체의 흔들림 없이 한 가지에 완전히 몰두하는 연습을 합니다. 이를 통해 깊은 선정 상태에 이르러 마음의 평정을 경험합니다.

팔정도 수행을 통해 탐욕, 성냄, 어리석음 등의 번뇌가 줄어들며, 일상 속에서 긍정적이고 평온한 마음 상태를 유지할 수 있게 됩니다. 또한, 타인에게 해를 끼치지 않으며 평화롭고 자비로운 삶을 살아가는 태도를 기를 수 있습니다.

옛날, 깊은 산속에 한 맑고 아름다운 연못이 있었습니다. 이 연못은 주변 마을 사람들에게 평화와 안식을 주는 곳이었지만, 시간이 지나면서 사람들의 욕심과 부주의로 인해 연못에 많은 오염물이 쌓이기 시작했습니다. 물은 점점 탁해졌고, 연못은 그 맑고 고요한 아름다움을 잃어버렸습니다.

마을 사람들은 연못을 다시 맑게 만들기 위해 다양한 방법을 시도했지만, 오염을 완전히 제거할 수는 없었습니다. 그러던 어느 날, 한 지혜로운 스님이 마을을 방문했습니다. 스님은 연못의 상태를 보고 마을 사람들에게 말했습니다. "이 연못을 정화하려면 여덟 개의 특별한 돌을 사용해야 합니다. 이 돌들은 연못의 탁한 물을 맑게 하고, 본래의 깨끗함을 되찾게 해줄 것입니다."마을 사람들은 스님의 지혜를 따르기로 했고, 스님은 그들에게 여덟 개의 돌을 하나씩 건네며 설명했습니다.

### 첫 번째 돌 바른 견해

스님은 첫 번째 돌을 연못에 던지며 말했습니다. "이 돌은 세상의 진리를 이해하는 돌이다. 우리가 모든 것이 변하고 있다는 무상(無常)의 진리를 받아들일 때, 마음은 혼란에서 벗어나고 고요함을 찾을 수 있다." 돌이 연못에 던져지자, 물결이 퍼져나가며 연못의 일부가 맑아지기 시작했습니다.

### 두 번째 돌 바른 사유

스님은 두 번째 돌을 던지며 설명했습니다. "이 돌은 자비와 긍정적인 마음을 키우는 돌이다. 해로운 생각을 버리고 선한 마음을 품으면 우리의 내면이 더 깨끗해진다." 이 돌이 연못에 던져지자, 또 다른 부분이 맑아졌습니다.

### 세 번째 돌 바른 말

세 번째 돌을 던지며 스님은 말했습니다. "진실하고 따뜻한 말을 사용하는 것이 중요하다. 우리의 말이 다른 사람들에게 상처를 주지 않도록 항상 신중해야 한다." 돌이 연못에 닿을 때, 물은 더 투명해졌습니다.

### 네 번째 돌 바른 행위

"이 돌은 올바른 행동을 상징한다," 스님은 네 번째 돌을 던지며 말했다. "해를 끼치지 않고 선행을 실천하는 것이 우리 마음을 정화한다." 돌이 연못에 던져지자, 물은 더욱 맑아졌습니다.

다섯 번째 돌 바른 생계

스님은 다섯 번째 돌을 던지며 설명했습니다. "정직하고 해롭지 않은 직업을 선택하는 것이 중요하다. 다른 생명을 해치는 직업은 우리의 마음을 더럽히게 한다." 돌이 연못에 닿을 때, 물은 점점 더 깨끗해졌습니다.

여섯 번째 돌 바른 노력

스님은 여섯 번째 돌을 던지며 말했습니다. "우리의 마음을 선한 상태로 유지하기 위해 끊임없이 노력해야 한다. 나쁜 습관을 버리고 좋은 습관을 길러야 한다." 돌이 연못에 닿자, 탁한 부분이 더 맑아졌습니다.

일곱 번째 돌 바른 정념

일곱 번째 돌을 던지며 스님은 말했다. "현재 순간에 집중하고, 마음을 깨끗하게 유지하는 것이 중요하다. 걱정과 후회에서 벗어나 지금 여기에 존재해야 한다." 돌이 연못에 닿을 때, 물은 더욱 투명해졌습니다.

여덟 번째 돌 바른 삼매

마지막 돌을 던지며 스님은 설명했습니다. "깊은 명상과 고요한 집중을 통해 내면의 평화를 찾는 것이 필요하다. 마음을 완전히 집중할 때 우리는 진정한 깨달음을 얻을 수 있다." 돌이 연못에 닿자, 연못은 완전히 맑고 투명하게 변했습니다.

연못이 본래의 아름다움을 되찾자 마을 사람들은 깊이 감사하며 깨달았습니다. 그들은 스님이 가르쳐준 여덟 개의 돌이 팔정도의 원칙이라는 것을 깨달았고, 그 원칙을 따라 살아가기로 결심했습니다. 연못이 다시 더러워지지 않도록 서로 돕고 격려하며, 연못을 지키듯 자신의 마음을 정화하기 위해 노력했습니다.

　이 비유는 팔정도가 우리의 마음을 정화하는 여덟 가지 길임을 상징합니다. 각각의 돌은 팔정도의 원칙을 나타내며, 모든 원칙이 함께 실천될 때 우리의 마음은 맑고 고요해집니다. 설화는 우리의 마음이 연못과 같아서, 시간이 지나면서 오염될 수 있지만, 팔정도의 원칙을 실천함으로써 다시 본래의 순수함을 되찾을 수 있음을 가르쳐줍니다. 팔정도는 마음을 다스리고 정화하는 강력한 수행법임을 이 설화를 통해 알 수 있습니다.

# 염불수행(念佛修行)

　　염불(念佛) 수행은 부처님을 생각하고, 마음을 다스리는 중요한 불교 수행법 중 하나입니다. 염불 수행을 더 잘 이해하기 위해 십념(十念)과 사종염불(四種念佛)의 개념을 살펴보겠습니다.

## 십념(十念)

　　부처님과 불법승(佛法僧) 삼보를 생각하며, 수행의 올바른 길을 따르는 열 가지 마음가짐을 뜻합니다. 다음은 각각의 의미입니다.

　　염불(念佛) 부처님의 명호를 부르며 그 가르침과 자비를 생각하는 것입니다.

　　염법(念法) 부처님의 교법을 진심으로 받아들이고 그 가르침을 깊이 생각하는 것입니다.

　　염승(念僧) 부처님의 가르침을 따르는 스님들의 공덕을 떠올리며,

그들을 존경하는 마음을 잊지 않는 것입니다.

염계(念戒) 계율을 지키는 것이 번뇌를 멈추고 깨달음을 이루는 길이라는 것을 항상 기억하는 것입니다.

염시(念施) 탐욕을 버리고 청정한 마음으로 보시(布施)하며 공덕을 쌓는 것을 생각하는 것입니다.

염천(念天) 하늘의 여러 세계를 생각하며, 그 청정한 과보에 대한 인연을 떠올리는 것입니다.

염출입식(念出入息) 들숨과 날숨에 집중하여 망상을 제거하고 마음을 고요히 다스리는 것입니다.

염휴식(念休息) 고요한 수행 처에 머물며 번잡한 세속의 인연을 멀리하고 마음을 정화하는 것을 생각하는 것입니다.

염신(念身) 이 몸이 영원하지 않으며, 인연으로 이루어진 존재라는 것을 깊이 인식하는 것입니다.

염사(念死) 죽음이 언제 다가올지 알 수 없음을 깨달아 인생이 덧없음을 자각하는 것입니다.

## 사종염불(四種念佛)

칭명염불(稱名念佛) 부처님의 명호를 입으로 부르며 마음을 집중하는 방법입니다. 이는 부처님의 이름을 반복적으로 외우며 마음을 안정시키는 수행입니다.

관상염불(觀像念佛) 부처님의 성스러운 상을 마음속으로 떠올리며 집중하는 것입니다. 부처님의 자비로운 모습을 깊이 생각함으로써 마음의 평온을 얻습니다.

관상염불(觀想念佛) 부처님의 자비와 지혜, 복덕을 마음속으로 그려내어 명상하는 수행입니다. 이렇게 집중하면 마음이 산란함에서 벗어나 깊은 삼매에 들어갈 수 있습니다.

실상염불(實相念佛) 모든 존재의 본질인 법신(法身)을 관찰하는 수행입니다. 이는 형상에 집착하지 않고, 우주의 진리와 본성을 깨닫는 것을 목표로 합니다

염불의 다양한 형태

칭명정심염불 부처님의 명호를 정심(定心)으로 부르는 염불입니다. 마음을 하나로 모아 집중하는 수행입니다.

칭명산심염불 산란한 마음으로 부처님의 명호를 외우는 염불입니다. 비록 마음이 산란하여도 부처님의 이름을 부르며 점차 집중을 회복합니다.

칭명대렴염불 큰 소리로 부처님의 명호를 외치는 염불입니다. 힘찬 소리로 마음을 깨우고 집중을 강화합니다.

칭명소렴염불 작은 소리로 부처님의 명호를 부르며 수행하는 방법입니다. 잔잔한 마음으로 조용히 명상합니다.

칭명정행염불 오로지 '나무아미타불'만을 부르며 수행하는 방법입니다. 집중된 마음으로 한 부처님만을 떠올리며 수행합니다.

칭명잡행염불 여러 부처님의 명호를 혼합하여 외우는 염불입니다. 다양한 부처님을 생각하며 수행합니다.

관상염불은 부처님의 모습을 관찰하는 수행으로, 이를 통해 정토에 왕생할 수 있다고 전해집니다. 관상염불은 부처님의 상호를 명확히 떠올려, 마음을 맑고 고요하게 하는 데 집중합니다. 실상염불은 우리 자신과 만유의 진실한 본성을 관찰하는 깊은 수행입니다. 법신은 불변의 진리이며, 참된 자성(自性)을 깨닫는 것을 목표로 합니다.

염불은 단순히 부처님을 생각하고 이름을 부르는 것을 넘어서, 마음을 다스리고 깨달음에 이르는 수행입니다. 이를 통해 마음의 업장을 정화하고, 더 높은 경지에 이르게 됩니다. 불교에서 염불 수행은 선정과 지혜의 길을 따라 수행자들이 깨달음에 이르는 중요한 실천 방법으로 권장됩니다.

나무아미타불을 외우며 타력(他力)의 도움을 구하거나, 자신의 본성을 참구하는 자력(自力) 수행을 통해 우리는 모두 깨달음과 평화를 향한 길로 나아갈 수 있습니다.

옛날, 깊은 산속에 가난한 나무꾼이 있었습니다. 그는 매일 산에 올라 나무를 베어 생계를 유지했지만, 그의 삶은 늘 고단하고 힘들었습니다. 어느 날, 나무꾼은 나무를 하던 중 한 지혜로운 스님을 만나게 되었습니다. 스님은 나무꾼의 지친 얼굴을 보고 다가와 부드럽게 말했습니다. "나무꾼이여, 왜 이렇게 힘들게만 사는가? 마음의 고통과 번뇌를 줄이고 진정한 평화를 얻고 싶다면, 아미타불을 부르며 염불을 수행해보게."

나무꾼은 처음에는 염불을 수행하는 것이 자신에게 어떤 도움이 될지 의아해했지만, 스님의 따뜻한 눈빛에 이끌려 아미타불의 명호를 외우기 시작했습니다. "나무아미타불, 나무아미타불..." 그는 산속에서 나무를 하면서도, 집에 돌아가서도 부지런히 아미타불의 이름을 부르며 염불을 반복했습니다.

시간이 지나면서 나무꾼의 마음은 점점 더 맑아지고 평화로워졌습니다. 힘든 나무일을 하면서도 더 이상 불평하지 않고, 고단한 하루를 보낸 후에도 마음의 고요함을 느끼게 되었습니다. 그의 내면에는 묘한 평온이 깃들기 시작했고, 그 어떤 어려움도 이전처럼 무겁게 느껴지지 않았습니다. 마을 사람들은 그가 변화된 것을 보고 놀라워하며 물었습니다. "무엇이 그대의 마음을 이렇게 고요하고 평화롭게 만들었는가?"

나무꾼은 미소를 지으며 대답했습니다. "아미타불의 이름을 부르며 마음을 다스리는 염불 수행 덕분이오. 저는 이제 더 이상 세상의 고통에 휘둘리지 않고, 부처님의 자비 속에서 평온을 찾을 수 있게 되었소." 그 후로도 나무꾼은 염불 수행을 멈추지 않았고, 점차 그의 마음은 더욱 깊이 깨달음을 향해 나아갔습니다.

어느 날, 나무꾼이 산에서 나무를 하다가 갑작스러운 사고로 큰 바위에 깔릴 위기를 맞았습니다. 그 순간, 그는 두려움에 사로잡히지 않고 마음을 다잡으며 아미타불의 이름을 크게 외쳤습니다. "나무아미타불!" 놀랍게도 기적이 일어나 바위가 그의 몸을 피하듯 굴러갔고, 그는 무사할 수 있었습니다. 이 일로 인해 그는 더욱 깊은 신심을 갖게 되었고, 아미타불의 보호와 자비를 온전히 느끼게 되었습니다.

이 설화는 염불 수행이 우리의 마음을 어떻게 정화하고 고통과 두려움을 이겨내는 데 도움을 줄 수 있는지를 잘 보여줍니다. 염불은 단순히 부처님의 이름을 부르는 것이 아니라, 마음을 다스리고 부처님의 자비에 의지해 내면의 평화를 찾는 수행입니다. 나무꾼은 염불을 통해 삶의 고통에서 벗어나 마음의 안식을 얻었으며, 아미타불의 가피(加被)를 경험할 수 있었습니다.

또한, 이 설화는 염불 수행이 우리가 인생의 위기와 고난을 마주할 때 힘을 주고, 부처님의 가르침 속에서 보호받을 수 있게 한다는 교훈을 줍니다. 염불은 우리 마음의 산란함을 가라앉히고, 부처님과의 연결을 통해 진정한 안식과 지혜를 얻게 하는 중요한 수행 방법임을 상기시켜 줍니다.

염불 수행이 마음을 깨끗이 하고, 삶의 어려움 속에서도 흔들리지 않는 내면의 힘을 길러준다는 메시지를 전해줍니다. 염불은 반복적인 부름을 통해 마음을 안정시키고, 부처님의 자비와 지혜를 자신의 내면에 받아들이는 수행입니다.

옛날, 어느 마을에 깊은 신심을 가진 어머니가 있었습니다. 그녀는 늘 부처님의 자비에 의지하며 "나무아미타불"을 외우며 염불 수행을 쉬지 않고 하였습니다. 그녀는 아미타불의 자비가 온 세상을 밝히고, 모든 중생의 고통을 덜어준다고 굳게 믿었습니다. 그 어머니는 마음속 깊은 곳에서 아들의 행복과 안전을 빌며, 하루도 빠짐없이 염불을 했습니다.

그 어머니에게는 유일한 아들이 있었는데, 그는 세상 풍파에 휘말려 점점 방탕한 생활을 하게 되었습니다. 아들은 어머니의 권고를 무시하고 도박과 술에 빠져 살아갔으며, 하루하루 타락한 생활을 이어갔습니다. 마을 사람들은 아들이 잘못된 길로 빠지는 것을 보며 안타까워했지만, 어머니는 아들을 나무라지 않고 더욱 간절히 염불을 하며 기도했습니다. "나무아미타불, 나무아미타불… 부처님, 제 아들을 올바른 길로 인도해 주소서."

어느 날, 아들은 도박에서 큰 빚을 지고 마을 사람들로부터 도망치듯 숲속으로 도망갔습니다. 숲속에서 길을 잃고 지친 그는 한참을 헤매다가 어머니의 염불 소리가 머릿속에 떠올랐습니다. "나무아미타불… 나무아미타불…" 아들은 그 소리를 떠올리며 무의식적으로 부처님의 이름을 속삭이기 시작했습니다. 그러자 마음이 조금씩 차분해지기 시작했고, 자신이 저지른 잘못들이 떠올라 깊은 후회를 느끼게 되었습니다.

그 순간, 아들은 갑자기 어두운 숲 속에서 환한 빛을 경험 했습니다. 그는 눈물을 흘리며 어머니의 간절한 기도를 떠올리고, 어머니가 자신을 위해 얼마나 염불을 했는지 깨달았습니다. 아들은 정신을 차리고 숲을 빠져나와 집으로 돌아갔습니다. 집에 돌아온 아들은 어머니 앞에 무릎을 꿇고 눈물을 흘리며 말했습니다. "어머니, 제가 잘못했어요. 이제부터는 올바른 길을 걷겠습니다."

어머니는 아들의 참회를 기쁘게 받아들이며 따뜻하게 안아주었습니다. 그녀는 아들이 돌아올 것이라고 믿고 한순간도 염불을 멈추지 않았던 것이었습니다. 아들은 그날부터 어머니와 함께 염불을 시작하며, 마음을 다스리고 새롭게 삶을 살아가기로 결심했습니다.

이 설화는 염불 수행이 단순히 개인의 마음을 다스리는 것에 그치지 않고, 주변 사람들에게도 긍정적인 영향을 미칠 수 있음을 보여줍니다. 어머니의 간절한 염불 수행은 방황하던 아들의 마음을 움직였고, 결국 그를 올바른 길로 인도하는 데 큰 역할을 했습니다. 염불은 부처님의 자비를 믿고, 그 자비에 의지하여 마음의 힘을 얻는 수행입니다.

또한, 염불의 힘은 단순한 소리나 반복적인 행위에 있는 것이 아니라, 그 안에 담긴 간절한 믿음과 정성에 있습니다. 어머니의 간절한 마음이 부처님의 자비와 연결되었고, 그 마음이 아들의 삶을 변화시킨 것입니다. 이 설화는 염불 수행이 우리 자신뿐만 아니라 주변 사람들에게도 깊은 영향을 줄 수 있다는 것을 상기시켜 줍니다.

이 이야기는 염불 수행의 위력을 강조하며, 우리가 염불을 할 때 진심을 다해 부처님의 자비를 생각하고 간절히 기도하면, 그 마음이 우리의 삶에 변화를 가져올 수 있다는 메시지를 전합니다. 염불은 마음을 깨끗이 하고 자비와 지혜를 받아들이는 중요한 수행법임을 이 설화를 통해 알 수 있습니다.

염불 수행과 관련된 또 다른 유명한 설화로 "염불하는 도둑의 구원" 이야기가 있습니다.

옛날 어느 마을에 평판이 나쁜 도둑이 있었습니다. 그는 어려서부터 방황하며 남의 재물을 훔치고, 온갖 나쁜 짓을 일삼으며 살았습니다. 마을 사람들은 그를 두려워하며 멀리했고, 누구도 그의 변화에 희망을 걸지 않았습니다. 도둑은 마음이 고통스러웠지만, 이미 너무 많은 죄를 저질렀기 때문에 자신의 삶이 구제될 수 없다고 생각했습니다.

그러던 어느 날, 도둑은 도둑질을 하기 위해 한 사찰에 몰래 숨어들었습니다. 사찰 안에는 스님들이 모여 앉아 부처님의 명호를 외우며 염불 수행을 하고 있었습니다. "나무아미타불, 나무아미타불…" 스님들의 염불 소리는 고요하고도 강렬하게 울려 퍼졌고, 그 소리는 도둑의 귀를 사로잡았습니다. 그는 자신도 모르게 염불 소리에 집중하게 되었고, 마음속에 잔잔한 파문이 일어났습니다.

도둑은 자신의 마음이 점점 차분해지는 것을 느꼈고, 삶에서 처음으로 부끄러움과 후회의 감정을 느꼈습니다. "내가 지금까지 얼마나 많은 잘못을 저질렀던가?…" 그는 가슴이 먹먹해져 눈물을 흘리기 시작했습니다. 도둑은 그 자리에서 도둑질을 멈추고 사찰을 빠져나왔습니다. 염불 소리가 그의 마음속에 계속 울려 퍼지는 듯했습니다.

며칠 후, 도둑은 다시 사찰을 찾아갔습니다. 이번에는 도둑질을 하려는 것이 아니라, 스님을 찾아가 자신의 고백을 하고 용서를 구하기 위해서였습니다. 그는 스님 앞에 무릎을 꿇고 눈물을 흘리며 말했습니다. "스님, 저는 평생 죄를 지으며 살아왔습니다. 그런데 그날 염불 소리를 들었을 때, 제 마음이 변화하는 것을 느꼈습니다. 부디 저를 구원해 주십시오."

스님은 도둑의 진심 어린 참회를 듣고 부드럽게 미소 지으며 말했습니다. "염불은 누구에게나 구원의 길을 열어줍니다. 당신이 진심으로 자신의 잘못을 뉘우치고 염불을 통해 마음을 정화하고자 한다면, 부처님의 자비는 당신을 외면하지 않을 것입니다." 도둑은 스님의 가르침을 따르기로 결심하고, 그날부터 매일 "나무아미타불"을 외우며 염불 수행을 시작했습니다.

시간이 지나면서 도둑의 마음은 점점 더 맑아지고 고요해졌습니다. 그는 이제 더 이상 도둑이 아니었습니다. 그는 자신의 삶을 반성하며 선행을 베풀기 시작했고, 마을 사람들도 그의 변화를 보고 점차 마음을 열었습니다. 결국 그는 마을의 존경받는 사람이 되었고, 염불 수행을 통해 자신의 죄업을 씻어내고 진정한 평화와 구원을 얻게 되었습니다.

이 이야기는 염불 수행이 과거의 잘못을 참회하고 새로운 삶을 시작하는 데 큰 힘이 될 수 있음을 보여줍니다. 도둑이 염불을 듣고 마음속에 변화가 일어난 것처럼, 부처님의 명호를 부르는 염불 수행은 우리 마음을 정화하고 참회하게 하며, 구원의 길을 열어줍니다.

이 이야기는 누구나 과거에 저지른 잘못을 뉘우치고 염불을 통해 새로운 삶을 시작할 수 있다는 희망의 메시지를 전합니다. 염불 수행은 단순한 명호의 반복이 아니라, 진정으로 마음을 다해 부처님의 자비에 의지하고 자신을 변화시키는 과정입니다. 부처님의 자비는 모든 중생에게 열려 있으며, 누구나 그 자비를 받을 수 있다는 것을 설화를 통해 알 수 있습니다.

　　염불 수행의 깊은 의미와 힘을 잘 보여주며, 우리가 부처님의 이름을 부를 때 진심과 정성을 다하면 우리의 삶에 긍정적인 변화를 가져올 수 있다는 것을 강조합니다. 염불 수행은 마음의 구원과 내면의 평화를 찾는 중요한 길임을 이 이야기로 깨달을 수 있습니다.

# 불사수행

불사(佛事)는 문자 그대로 부처님과 성불(成佛)의 인연을 맺는 일을 의미합니다. 재가자나 출가자 모두가 이 세상의 일과 수행에서 궁극적인 목표를 불사에 두어야 한다는 뜻입니다. 우리가 가장 소중히 여겨야 할 것은 복덕(福德)과 지혜(智慧)입니다. 불사는 반드시 복을 쌓는 것으로 시작하며, 복을 쌓는 터전인 복전(福田)을 경전, 은전, 비전의 삼복전(三福田)으로 설명할 수 있습니다.

## 경전불사수행(敬田佛事修行)

경전(敬田)은 불·법·승 삼보(三寶)를 공경하고 귀의하는 것입니다. 우리는 삼보에 귀의하여 예배하고 공양하며, 찬탄과 참회를 통해 복덕을 쌓습니다. 공경(恭敬)이란 자신의 몸과 마음을 낮추어 삼보를 존중하는 것을 뜻합니다. 공양(供養)이란 불·법·승에게 음식, 의복, 약 등을 올리는 것으로, 이는 스승이나 부모, 돌아가신 영가를 공경하며 자양하는 것을 포함합니다.

## 은전불사수행(恩田佛事修行)

은전(恩田)은 보은의 복전입니다. 은혜를 입은 부모님과 스승, 그리고 국가와 중생에게 감사하며 그 은혜를 갚는 행위를 뜻합니다. 우리가 받은 양육과 교육의 은혜를 생각하고, 보은의 마음으로 복을 짓는 것이 바로 은전불사입니다. 장래에 큰 복을 누릴 수 있는 씨앗이 되기 때문입니다.

## 비전불사수행(悲田佛事修行)

비전(悲田)은 자비의 복전입니다. 불행하고 어려운 이웃을 돕는 것이며, 가난하고 병든 사람, 의지할 곳 없는 사람들을 보살피는 것이 이 수행에 해당합니다. 우리가 가진 정신적·물질적 자원을 나누고, 자비심으로 그들을 동정하며 돕는 것이 곧 한량없는 복을 짓는 일입니다. 비전은 밭에 씨앗을 뿌리면 싹이 돋아나는 것처럼, 자비의 마음이 복덕의 싹을 틔우는 터전입니다.

부처님은 《업보차별경》을 통해 삼복전을 잘 가꾸어 복덕을 쌓으라고 가르치셨습니다. 부처님께서는 선업과 악업에 따라 중생이 받는 과보가 달라진다고 설명하셨습니다.

살생을 많이 하면 수명이 짧아지고, 불살생을 행하면 장수합니다.

매질을 좋아하면 병이 많아지고, 자비심을 가지면 건강하게 삽니다.

짜증과 분노를 많이 내면 얼굴이 추해지고, 온화한 마음을 가지면 단정한 외모를 갖게 됩니다.

도둑질을 하면 가난하게 살고, 청정한 마음으로 살면 풍족함을 누립니다.

이처럼 중생의 업보는 과거의 행위에 따라 결정되며, 불교에서는 선업을 행하고 악업을 멀리하라고 가르칩니다.

불사수행은 오랜 시간 동안 크고 작은 다양한 방식으로 이어져 왔습니다. 고대, 신라, 고려, 조선 시대에 이르기까지 불보살님의 성상과 탱화를 조성하며 불사를 행해 왔습니다. 이러한 불사는 중생 모두가 성불의 인연을 맺도록 하는 중요한 수행입니다. 이제 우리도 선인들의 뜻을 이어 받아 십악을 여의고 십선을 행함으로써, 복덕과 지혜를 구족하여 깨달음에 이르는 길을 닦아야 합니다.

불사 수행자들이여, 복덕과 지혜를 쌓아 모든 중생과 함께 성불의 인연을 짓고, 그 은혜를 널리 나누기를 발원합니다. 선정(禪定)과 보시(布施)로 복덕을 이루고, 지혜를 통해 참된 깨달음에 이르는 길을 함께 걸어가야 합니다.

옛날 인도에 부처님께서 설법을 전하기 위해 한 마을을 방문하셨을 때였습니다. 마을 사람들은 부처님의 위대한 자비와 지혜를 찬탄하며, 각자 준비한 음식과 귀한 물건들을 공양하기 위해 모여들었습니다. 부자들은 값비싼 보석과 최고급 음식으로 부처님과 스님들에게 공양을 올렸고, 그 장면은 마을 사람들에게 경이로움을 자아냈습니다.

그 마을 한쪽에는 가난하지만 마음이 맑은 소년이 살고 있었습니다. 소년은 부처님의 이야기를 듣고 그분을 존경하는 마음을 품게 되었습니다. 하지만 그는 부유한 사람들이 준비한 귀중한 공양을 보며 자신의 초라한 처지에 슬퍼졌습니다. "나는 아무것도 가진 것이 없으니 부처님께 무엇을 공양할 수 있을까?" 소년은 마음이 무겁고 괴로웠습니다.

하지만 소년은 포기하지 않았습니다. 그는 곰곰이 생각하다가 자기 집 뒤뜰에 자라는 작은 꽃 한 송이를 꺾었습니다. 그 꽃은 그저 들판에 흔히 피는 보잘것없는 들꽃이었지만, 소년은 마음을 다해 그 꽃을 손에 쥐고 부처님을 찾아갔습니다. 소년은 부끄러운 마음으로 부처님 앞에 섰지만, 진심을 담아 꽃을 바치며 말했습니다. "부처님, 저는 가진 것이 아무것도 없습니다. 이 작은 꽃 한 송이지만, 제 온 마음을 담아 공양 올립니다."

부처님은 소년의 순수한 마음을 보시고 미소를 지으셨습니다. 그리고 따뜻한 목소리로 말씀하셨습니다. "이 꽃은 온 세상의 어떤 보석보다도 소중하구나. 왜냐하면 이 공양에는 너의 진실한 마음과 정성이 담겨 있기 때문이다. 너의 작은 공양이지만, 그 마음의 정성은 한량없는 복덕을 쌓을 것이다."

그 순간, 주변에 있던 사람들은 부처님의 자비로운 미소와 소년의 작은 공양에서 빛이 발하는 것을 보았습니다. 부처님은 그 꽃을 받아 들고 축복하셨으며, 소년의 마음속에는 한없이 따뜻한 평화가 깃들었습니다. 소년은 자신이 한 공양이 결코 작지 않다는 것을 깨달았고, 마음속 깊이 감사하며 더 큰 깨달음을 얻게 되었습니다.

이 설화는 불사 수행의 진정한 의미를 잘 설명해 줍니다. 부처님께 올리는 공양은 그 크기나 물질적인 가치를 따지는 것이 아닙니다. 중요한 것은 그 행위에 담긴 진심과 정성입니다. 소년의 작은 꽃 한 송이처럼, 아무리 작고 보잘것없어 보이는 공양이라도 그것이 순수한 마음에서 나온 것이라면 큰 복덕을 쌓게 됩니다.

불사 수행은 부처님과 삼보에 대한 깊은 존경과 감사의 마음을 담아 공양하는 것이며, 그로 인해 공덕과 지혜를 쌓아가는 길입니다. 이 이야기는 불사가 반드시 거창하거나 화려할 필요가 없으며, 마음이 가장 중요한 요소라는 것을 일깨워 줍니다. 우리가 일상 속에서 작은 선행을 하거나 진심으로 부처님과 중생을 위해 기도할 때, 그것이 곧 불사의 의미를 실천하는 것입니다.

이 이야기는 불교 수행자들에게 진심을 담은 작은 행동도 큰 의미를 가질 수 있음을 가르쳐 줍니다. 불사 수행은 겉으로 보이는 물질적 가치보다 내면의 정성과 마음가짐에 달려 있다는 점을 강조합니다.

불사 수행과 관련된 또 다른 설화로 "가난한 여인의 등불" 이야기가 있습니다. 이 설화는 불사 수행이 순수한 마음과 정성에서 비롯될 때, 그 공덕이 한없이 커질 수 있음을 보여줍니다.

부처님께서 어느 왕국을 방문하셨을 때, 그곳의 왕과 귀족들은 부처님을 위해 장대한 불사를 준비했습니다. 그들은 아름다운 황금 등불 수천 개를 만들어 불을 밝히고, 부처님께 공양하며 그들의 공덕을 기원했습니다. 등불들이 사원의 구석구석을 환히 밝히며 빛나고 있었고, 사람들은 모두 이 장엄한 광경에 감탄했습니다.

그 왕국에는 매우 가난한 여인이 살고 있었습니다. 그녀는 하루하루를 어렵게 살아가는 처지였지만, 부처님을 향한 깊은 신심을 가지고 있었습니다. 여인은 부처님께 작은 공양이라도 올리고 싶은 마음이 간절했지만, 가진 것이 아무것도 없었습니다. 그러나 그녀는 포기하지 않고, 길가에서 나무를 줍고 품삯을 받아 조금씩 돈을 모았습니다. 결국, 여인은 작은 기름 등 하나를 살 수 있었습니다.

그녀는 그 작은 등불을 가지고 사원으로 갔습니다. "부처님, 저는 이 작은 등불 하나밖에 준비할 수 없었습니다. 하지만 제 온 마음을 다해 이 등불을 밝힙니다. 부디 제 작은 정성을 받아 주소서." 여인은 기름 등불을 켜고 부처님 앞에 올렸습니다. 작은 등불은 황금 등불들 사이에서 보잘것없어 보였지만, 여인의 정성은 가득 담겨 있었습니다.

밤이 깊어지고 사람들은 모두 잠자리에 들었습니다. 아침이 되었을 때, 놀라운 일이 벌어졌습니다. 황금으로 만든 수천 개의 등불은 하나같이 기름이 다 타고 불이 꺼져 있었지만, 가난한 여인이 밝힌 작은 등불은 여전히 빛나고 있었습니다. 사람들이 의아해하며 속으로 "이런 일이 있을 수 있단 말인가?"라고 생각했을 때, 부처님의 제자인 아난다가 부처님께 물었습니다. "부처님, 왜 이 작은 등불만 꺼지지 않고 계속 빛나고 있습니까?"

부처님께서는 미소 지으며 대답하셨습니다. "이 작은 등불은 여인이 자신의 모든 것을 바치며 순수한 마음으로 켠 것이기 때문이다. 그녀의 정성은 그 어떤 것보다 크고 진실하다. 진정한 공양은 물질의 많고 적음에 달린 것이 아니라, 마음의 깊이에 있다. 이 여인의 공덕은 한없이 클 것이며, 그녀의 등불은 어둠 속에서 중생들에게 길을 밝히는 빛이 될 것이다."

이 말을 들은 사람들은 깊이 감동하며, 공덕이란 단순히 부의 많고 적음이 아니라, 진심과 정성에서 비롯된다는 것을 깨달았습니다.

이 설화는 불사 수행이 물질적인 풍요나 외형적인 화려함에 의존하지 않음을 강조합니다. 중요한 것은 순수한 마음과 부처님을 향한 정성입니다. 가난한 여인의 작은 등불이 꺼지지 않고 계속 빛날 수 있었던 이유는 그녀의 마음이 진실하고 깊었기 때문입니다. 부처님께서는 그 마음을 귀하게 여기시고, 그녀의 작은 공양을 큰 공덕으로 축복해 주셨습니다.

불사 수행에서 우리가 배워야 할 것은, 크고 화려한 공양이 아니라 진심과 정성으로 하는 작은 행위가 세상을 밝힐 수 있다는 것입니다. 우리 모두가 일상에서 작은 선행이라도 진심을 다해 행할 때, 그 행위는 불사의 의미를 담아 큰 공덕으로 이어질 수 있습니다.

이 이야기는 불사 수행의 진정한 의미를 다시 한 번 일깨워 줍니다. 크고 작은 것이 중요한 것이 아니라, 마음에서 우러나는 진심과 정성이 불사의 핵심임을 보여주는 아름다운 이야기입니다.

불사 수행과 관련된 또 다른 설화로 "작은 돌탑의 기적" 이야기가 있습니다. 이 설화는 작은 공덕이라도 진심으로 행할 때 그 영향이 얼마나 큰지를 잘 보여줍니다.

옛날에 한 외딴 마을에 사는 가난한 소년이 있었습니다. 소년은 부모님을 일찍 여의고 홀로 산속에서 나무를 하며 어렵게 살고 있었습니다. 어느 날, 소년은 나무를 하러 가던 길에 한 낡은 절을 발견했습니다. 절은 너무 오래되어 거의 무너질 지경이었고, 주변은 잡초로 뒤덮여 있었습니다. 소년은 그곳에 들어가 보니 부처님의 상이 먼지 속에 덮여 빛을 잃고 있었습니다.

소년은 부처님의 모습을 보고 마음이 아팠습니다. "부처님께서 이렇게 외롭게 계시다니… 내가 가진 것은 없지만, 작은 정성이라도 부처님께 바치고 싶다." 소년은 산에서 주운 작은 돌들을 하나씩 쌓아 부처님 앞에 작은 돌탑을 만들기 시작했습니다. 돌 하나를 올릴 때마다 그는 마음속으로 기도했습니다. "부처님, 제가 비록 가난하지만, 마음을 다해 이 돌을 올립니다. 부디 이곳에 다시 생기가 깃들기를 바랍니다."

매일 나무를 하러 가는 길에 소년은 돌 하나씩을 쌓으며 정성을 다했습니다. 시간이 지나면서 작은 돌탑은 점점 높아졌고, 절 주변에도 사람들이 하나둘씩 찾아오기 시작했습니다. 그들은 소년의 정성을 보고 감동하여 절을 다시 복원하기 위한 노력을 기울였습니다. 그 절은 점점 새롭게 단장되었고, 마을 사람들은 함께 모여 부처님께 기도하며 절이 다시 활기를 찾게 되었습니다.

하지만 이 이야기는 여기서 끝나지 않았습니다. 소년이 정성껏 쌓은 돌탑은 마을에 큰 비가 내려 홍수가난 어느 날, 기적을 일으켰습니다. 강물이 불어나 절을 향해 밀려왔을 때, 소년이 쌓은 작은 돌탑이 방파제처럼 작용하여 강물이 절로 들어오는 것을 막아준 것입니다. 사람들은 이 일을 보고 크게 놀라며, 소년의 작은 돌탑이 마을을 지켜주었다는 사실에 감사했습니다. 그들은 그제야 깨달았습니다. 소년의 순수한 정성이 마을을 보호하고 모두에게 큰 복덕을 가져다준 것이었습니다.

이 설화는 불사 수행의 힘이 물질의 크기나 규모에 있지 않고, 진심과 정성에 달려 있음을 강조합니다. 소년은 아무것도 가진 것이 없었지만, 순수한 마음으로 작은 돌탑을 쌓으며 부처님께 공양했습니다. 그의 작은 행위가 결국 마을 전체를 구하는 큰 공덕이 되었던 것입니다.

불사 수행은 단순히 큰 공사를 하거나 화려한 장식을 마련하는 것이 아닙니다. 작은 일이라도 진심과 정성을 다하면 그 영향은 널리 퍼져 많은 이들에게 이익을 줄 수 있습니다. 소년의 돌탑은 작고 보잘것없어 보였지만, 그 안에 담긴 정성은 마을을 지킬 만큼 강력한 힘을 발휘했습니다.

　이 이야기는 우리에게 작은 선행이라도 진심을 다해 행할 때 큰 복덕을 가져올 수 있다는 사실을 일깨워 줍니다. 불사 수행은 크고 작은 것을 따지는 것이 아니라, 마음에서 우러나오는 진정성과 정성으로 이루어지는 것입니다.

　우리가 일상에서 하는 작은 일들도, 진심을 다하면 세상을 변화시킬 수 있음을 보여줍니다. 불사 수행은 마음의 크기에 따라 진정한 가치를 가지며, 그 공덕은 예기치 못한 큰 축복으로 돌아올 수 있다는 교훈을 전합니다.

# 열반의 궁극

열반(Nirvana)은 고통에서 해탈하여 평화와 고요의 경지에 이르는 상태를 의미하며, 불교에서는 궁극적인 목표로 여겨집니다. '열반'이라는 단어는 "불이 꺼지다"라는 의미에서 유래되었으며, 고통과 번뇌의 불길이 사라진 상태를 상징합니다. 열반에 도달하면 모든 괴로움과 번뇌로부터 완전히 해방되어 완전한 만족과 평온을 경험하게 됩니다.

열반은 단순히 고통을 피하는 것에 그치지 않습니다. 이는 인간이 경험할 수 있는 모든 고통과 집착을 초월한 경지를 의미합니다. 불교에서는 윤회의 고리를 끊고 더 이상 고통이나 번뇌에 빠지지 않는 경지로 설명됩니다. 열반은 모든 의무와 집착을 내려놓고 무한한 행복과 평화에 이르는 상태입니다.

열반에 도달하기 위해서는 특별한 노력이 필요합니다. 마음의 평온을 찾기 위해 팔정도(八正道)를 따르고 올바른 생각, 올바른 말, 올바른 행동을 실천하는 것이 중요합니다. 깨달음을 향한 혜안을 키우고, 명상과 수행을 통해 마음을 다스리는 연습이 필요합니다. 이러한 수행을 통해 우리는 점차 마음의 평화를 찾아가게 됩니다.

열반은 깨달음의 최종 목표이자 불교가 추구하는 궁극적인 상태로, 고통과 윤회를 넘어선 자유와 평화를 의미합니다. 열반에 이른다는 것은 삶과 죽음의 경계를 초월하여 더 이상 고통에 얽매이지 않는다는 것을 뜻합니다. 그러나 열반은 멀리 있는 것이 아닙니다. 우리가 매일 보고, 듣고, 말하며 살아가는 바로 이 순간이 열반의 자리일 수 있습니다.

불교의 가르침을 단순히 경전이나 법문에만 한정시키는 것은 헛된 노력일 수 있습니다. 지금 이 순간 우리가 경험하는 모든 것이 부처의 자리이자 열반의 체험입니다. 올바른 길을 찾아가는 것이 중요하며, 지혜로운 삶의 길잡이가 필요합니다. 우리는 이 생에서 배우고 수행할 기회를 최대한 활용해야 합니다. 지금의 기회를 소중히 여기지 않으면 다시는 같은 기회가 오지 않을 수도 있습니다.

앉거나 눕거나, 서거나 걸을 때, 혹은 밥을 먹을 때조차 항상 마음의 본성을 살리고 주체적인 나 자신을 믿어야 합니다. 마음의 본성을 찾기 위해 노력하는 것은 고양이가 쥐를 잡으려 하듯, 간절히 찾아야 함을 의미합니다. 우리가 이 세상에 존재하는 이유를 깊이 깨닫고 이해해야 합니다.

아름다운 산과 들, 강산은 우리가 머물고 싶어 하는 장소입니다. 50년 후에도 또 다른 사람들이 그 아름다움을 누릴 것입니다. 이 강산은 소유할 수 없는 것이며, 인생을 바쳐 집착할 필요가 없습니다. 어리석게도 우리는 마치 강산이 자신의 것인 양 애쓰지만, 그것은 단지 덧없는 일일 뿐입니다. 이런 집착은 결국 시간만 낭비하게 할 뿐입니다.

흘러가는 바람을 붙잡고 시비를 거는 어리석은 사람을 우리는 주위에서 자주 본다. 상대가 한 말, 단어 하나에 시시비비를 따지는 어리석은 행동이 나를 피곤하게 만드는구나. 아무리 기분 나쁜 소리를 들어도 인생 전체로 보면 그것은 하나의 티끌에 불과한 것인데, 이렇게 가볍게 생각해 버리면 마음이 편해질 텐데 말이다. 단어 하나에 따지고 드는 어리석은 행동은 이제 그만두자.

업보란 항상 그림자처럼 나를 따라다닌다. 미국에 가든지 한국에 있든지, 업보는 나와 함께한다. 자신도 모르는 사이에 불쑥 나타나는 무의식적인 습관을 업보라고 한다. 이 업보를 바꾸려면 먼저 생각을 바꾸어야 한다. 생각이 달라지면 마음이 변하고, 따라서 말이 변하며, 행동도 달라진다. 그러면 생활이 변하고 의식이 변화하며, 자연히 습관이 바뀌게 된다. 그렇게 되면 나의 운명도 변화하는 것이다. 나의 운명을 바꾸려면 먼저 생각부터 바꾸어야 한다.

이 책을 마무리하며, 삶의 여정을 함께 걷고 있는 모든 이들에게 따뜻한 격려와 희망의 메시지를 전하고자 합니다. 삶은 단순히 지나가는 시간의 연속이 아니라, 매 순간이 의미와 가치를 담고 있는 하나의 커다란 수행입니다. 우리가 지금 머물고 있는 자리, 그곳이 바로 새로운 시작의 출발점입니다. 고통과 기쁨, 성공과 실패가 얽힌 이 여정 속에서 중요한 것은 삶을 피하지 않고 온전히 직면하며, 진정한 평화와 자유를 향해 깨어있는 자세로 나아가는 것입니다.

불교의 가르침은 우리의 삶이 단절된 사건들의 연속이 아니라 하나의 거대한 연결망 속에 놓여 있음을 일깨워줍니다. 육도윤회와 12연기의 지혜는 단지 교리적 설명에 머물지 않고, 우리가 일상에서 경험하는 고통과 행복의 본질을 이해하고, 이를 통해 자유로워지는 길을 안내합니다. 이 가르침은 우리의 삶 속에서 실천할 때 비로소 그 진정한 가치를 드러냅니다.

삶은 끊임없이 변화하는 흐름 속에 있습니다. 때로는 앞을 향해 나아가고, 때로는 멈추어 서서 자신을 돌아보는 시간을 가집니다. 그 과정에서 우리의 마음 상태는 삶의 질을 결정짓는 중요한 역할을 합니다. 자비와 지혜를 바탕으로 깨어있는 마음을 유지한다면, 우리는 고통 속에서도 평온을 찾고, 혼란 속에서도 방향을 잃지 않을 수 있습니다.

수행은 결코 멀리 있지 않습니다. 자비를 실천하고, 매 순간 깨어있는 마음으로 현재를 받아들이는 것이 바로 수행의 시작입니다. 수행은 명상이나 특정한 의식을 통해서만 이루어지는 것이 아니라, 우리의 삶 전체에 녹아들어야 합니다. 가족과 이웃에게 따뜻한 마음을 전하고, 작은 친절을 실천하며, 자신의 마음을 돌아보는 것만으로도 우리는 수행의 길 위에 서 있는 것입니다. 우리의 마음 상태는 우리가 머무는 세계를 만들어냅니다. 절망 속에서도 희망의 씨앗을 발견하고, 고통 속에서도 성장의 가능성을 찾아낼 수 있는 힘은 모두 우리 안에 있습니다.

이 책이 당신에게 삶의 무게를 잠시 내려놓고, 스스로를 돌아보며 새로운 빛을 발견할 작은 쉼터가 되었기를 바랍니다. 당신의 여정이 어떤 모습이든, 그 자체로 소중하고 의미 있는 길임을 기억하세요. 모든 존재가 서로 연결되어 있음을 이해할 때, 우리는 나와 타인을 분리하지 않고 함께 성장하는 삶을 선택할 수 있습니다. 불교의 연기법은 우리가 혼자 존재하는 것이 아님을 알려줍니다. 우리의 행동과 마음은 타인에게 영향을 미치며, 타인의 삶과도 깊이 얽혀 있습니다. 이 연결성 속에서 자비와 지혜를 실천할 때, 우리의 삶은 더 풍요롭고 빛나는 방향으로 나아갈 수 있습니다.

부처님의 가르침은 고통을 넘어 평화로 나아가는 길을 제시합니다. 그 길은 단순히 고난을 회피하는 것이 아니라, 고통의 본질을 직면하고, 이를 통해 깨달음을 얻는 여정입니다. 육도윤회와 12연기의 가르침은 우리 삶의 근원적 구조를 이해하도록 돕습니다. 고통의 원인을 알면, 그 고리를 끊어내는 길도 찾을 수 있습니다. 이것이 바로 부처님께서 제시한 해탈의 길입니다.

마지막으로, 부처님의 가르침이 당신의 삶 속에서 지혜와 자비의 빛으로 자리 잡기를 진심으로 기원합니다. 고통을 넘어 해탈과 평온을 향해 나아가는 당신의 여정에 부처님의 가호가 늘 함께하시길 바랍니다. 삶의 어느 지점에 머물고 있든, 그 자리가 바로 당신의 새 출발점임을 믿으십시오. 당신이 이루어갈 모든 순간에 축복이 깃들기를 바랍니다.

"지금 이 순간이 곧 수행의 시작이며, 깨달음의 씨앗임을 기억하세요."

이 책을 읽은 당신이 자신의 삶에서 새로운 의미와 방향을 발견하고, 모든 존재와 함께 평화롭고 자유로운 여정을 이어가길 간절히 기

원합니다. 당신의 삶이 부처님의 가르침 속에서 더 큰 빛으로 빛나기
를 바라며, 이 책을 마칩니다.

## 1. 육도윤회(六道輪廻)

육도윤회는 우리가 업(業)의 결과로 경험하는 여섯 가지 삶의 상태를 말합니다. 이는 우리의 내적 상태와 행동의 결과를 상징하며, 업의 성격에 따라 우리의 삶이 달라진다고 봅니다.

지옥(地獄): 극심한 고통과 절망의 상태로, 분노와 증오가 원인입니다.

아귀(餓鬼): 끊임없는 갈증과 욕망에 사로잡힌 상태로, 탐욕이 주된 원인입니다.

축생(畜生): 본능에 의존하며 무지에 갇힌 삶을 상징합니다.

아수라(阿修羅): 투쟁과 갈등, 시기와 질투로 가득 찬 삶을 나타냅니다.

인간(人間): 고통과 기쁨이 공존하며, 깨달음을 향한 가능성이 열려 있는 상태입니다.

천상(天上): 쾌락과 만족의 상태지만, 영원하지 않은 행복을 상징합니다.

이 여섯 세계는 업에 따라 순환하며, 해탈하지 못한 존재는 윤회의 굴레를 벗어나지 못합니다.


## 2. 12연기(十二緣起)

12연기는 존재와 고통의 근본 원인을 설명하는 법칙으로, 무지에서 시작된 인과의 연쇄를 나타냅니다.

무명(無明): 삶의 진리에 대한 무지.

행(行): 의지적 행위로 업을 쌓음.

식(識): 의식의 작용.

명색(名色): 정신과 물질의 결합.

육입(六入): 여섯 가지 감각기관(눈, 귀, 코, 혀, 몸, 마음).

촉(觸): 감각기관을 통한 접촉.

수(受): 접촉을 통해 생겨나는 느낌.

애(愛): 느낌에 따라 생기는 집착과 욕망.

취(取): 애착으로 인한 집착의 강화.

유(有): 존재의 형성.

생(生): 새로운 삶의 시작.

노사(老死): 늙고 죽음에 이르는 과정.

이 사슬은 고통의 연속을 설명하며, 무명을 제거하고 집착을 끊는 것이 해탈의 열쇠입니다.


## 3. 선업(善業)과 불선업(不善業)

업은 우리의 의도와 행위가 쌓여 결과를 초래하는 원리를 뜻합니다.

선업(善業): 이타적이고 긍정적인 의도와 행위에서 비롯되며, 행복과 평화를 가져옵니다.

자비, 사랑, 정직, 관용 등.

불선업(不善業): 탐욕, 분노, 어리석음과 같은 부정적 의도와 행위에서 발생하며, 고통과 괴로움을 초래합니다.

탐욕, 증오, 무지, 질투 등.

업의 대가는 우리가 지금 겪는 삶뿐만 아니라, 미래의 삶에까지 영향을 미칩니다. 따라서 매 순간의 선택과 행동이 중요합니다.


## 4. 수행의 길: 삼학(三學)

불교는 업의 굴레에서 벗어나기 위한 수행 방법으로 삼학(戒, 定, 慧)을 제시합니다.

계율(戒):올바른 행위와 도덕적 삶을 강조합니다.

자신과 타인에게 해를 끼치지 않고, 평화를 유지하는 삶을 실천합니다.

선정(定):마음의 산란을 잠재우고 고요를 찾는 명상 수행입니다.

집중력을 높이고, 내면의 고요를 통해 깨달음에 이르는 방법입니다.

지혜(慧):무명에서 벗어나 삶의 진리를 깨닫는 과정입니다.

12연기와 연기의 법칙을 통해 삶의 본질을 이해하고, 참된 지혜를 얻습니다.


## 5. 일상 속에서의 수행

수행은 특정한 시간이나 장소에 국한되지 않습니다. 우리의 일상 생활에서 매 순간을 깨어있게 살아가는 것이 수행의 핵심입니다.

마음챙김(Mindfulness): 현재 순간에 온전히 깨어 있는 상태로, 자신의 생각과 행동을 관찰합니다.

자비와 사랑: 타인의 고통을 이해하고 그들에게 자비를 베풉니다.

연기의 이해: 모든 존재가 서로 연결되어 있음을 깨닫고, 나와 타인을 분리하지 않습니다.


## 6. 부록 요약

육도윤회는 업에 따른 삶의 여섯 가지 상태를 설명합니다.

12연기는 고통의 원인과 그것을 끊는 방법을 제시합니다.

선업은 행복과 평화를, 불선업은 고통과 괴로움을 초래합니다.

삼학(戒, 定, 慧)은 윤회를 벗어나기 위한 수행의 핵심입니다.

일상 속에서 자비와 깨어있음을 실천하는 것이 수행의 시작입니다.

이 부록이 삶의 여정을 이해하고, 새로운 깨달음으로 나아가는 데 작은 길잡이가 되기를 바랍니다.

## 7. 참고문헌

*불타조사원류(佛陀祖師原流)불교오대수행(佛敎五大修行)-죽림정사
*대념처경개시-마흔덕 존자
*숫타니파타-초기불교경전
*업과윤회법칙-피아옥 또아 사야도 지음

위 부록은 독자 여러분께서 불교적 삶과 수행을 더 깊이 이해하고 실천할 수 있도록 돕기 위해 구성되었습니다. 각 부록의 내용은 책에서 다룬 핵심 주제를 보안하고 실천적 지침으로 활용될 수 있습니다.

선광스님의
# 어디쯤 머물고 있을까?

선광 2025  010-9595-0562

2025년 1월 20일 초판1쇄 발행

지은이 **선광**
발행인 **윤두영** · 편집인 **강길연** · 표지디자인 **노상열**
책임편집 **류정애** · 윤문 **김정자** · 기획 **도낙경**
펴낸 곳 도서출판 **국부카르마** 부산시 금정구 금정로 221, 5층
　　　 대표전화 (051)583-9923 팩스 (051)583-9924
　　　 출판등록 제 03-11-6호

ISBN 979-11-85838-05-2 (03220)


값 20,000원